中公新書 2293

JN284072

中村圭志著

教養としての宗教入門

基礎から学べる信仰と文化

中央公論新社刊

はじめに

本書が想定している読者は、宗教に関心はあるのだが、別に信じたいわけではないという方々である。外国人と接する機会があり、その国の宗教について基本的知識が欲しいと思っている人は多いはずだ。あるいは日本文化を紹介するにあたって、我が国の宗教について基礎的なこともわかっていないようでは恥ずかしい、と考えている人も多いだろう。

ただし、本書はサイズの制約もあり、諸宗教の教理や歴史や行事についてのデータをそうたくさんは盛り込めない。むしろ本書が主眼を置いているのは、宗教全般に関する見取り図を描くことと、人々が自分でデータを調べようと思ったときに迷ってしまわないための指針を提供することである。

諸宗教に関する詳しいガイドブックはたくさんあるし、インターネット上には種々のデータがあふれている。しかし、詳しい本の多くはとっつきにくく、しばしば仏教なりキリスト教なりの信仰的な立場で書かれている。ネット上のデータは玉石混淆《こんこう》状態であり、信仰の宣伝合戦の場ともなっている。だから、距離を置いたかたちで、おもしろく知りたいという人々に向けた、シンプルなガイドが必要なのである。

本書は「教養としての宗教」ガイドである。宗教を信じる必要はないが、その歴史や世界観についての大雑把な知識はもっていたほうがいい。そういう趣旨で書いた本だ。

「濃い」宗教と「薄い」宗教

読者にまずご理解いただきたいのは、宗教には「濃い」レベルと「薄い」レベルとがあるということだ。「濃い」とは、要するに思い入れが強いということである。いわゆる信仰の世界だ。神仏の絶対的な救いを信じて、ふだんから祈りや念仏や座禅などを欠かさない。ときには――いつもそうとは限らないが――排他的になるほどに、自己の堅い信念を守っている。そのようなものが濃厚な宗教、濃い宗教である。仏教、キリスト教、神道、新宗教……の違いによらず、そのような信仰のあり方というのがある。

「薄い」というのは、もっと軽く、知識や習慣といったレベルで人々に受け入れられているような宗教的文化のことだ。世界の諸宗教を見渡してみると、ほとんどの人はそれほど濃厚な信仰をもっていない。アメリカの大統領は就任の際に聖書に手を当てて宣誓するが、これは大統領個人の内面的な信仰とは無関係の、社会的儀礼である。多くのアメリカ市民はキリスト教の習慣や聖書の言葉をなんとなく共有しており、人生と世界についてキリスト教的な世界観で語るのが習い性となっている。そういうレベルでのキリスト教が広くアメリカ社会を覆っている。このレベルの宗教、すなわち文化や共通語彙としての宗教のことを、本書では便宜的に「薄い」宗教と呼ぼうと思う。

このレベルで言えば、日本人は「薄い」仏教徒であり、また「薄い」神道家でもある。深い信仰をもたなくても、日本人の多くは諸行無常的な感覚をもっているし、本居宣長《もとおりのりなが》の言う「もののあはれ」を解する心をもっていると言っていいだろう。仏教か神道かどちらかに決めろとうるさいことを言う必要はない。伝統的に仏教と神道はセットとして奉じられてきた。これに儒教や道教の要素も入っている。これが東アジアの伝統的な流儀なのである。

濃い宗教と薄い宗教とはニワトリとタマゴの関係にある。どちらが先かわからないのだ。信仰的に強い思い入れのある個人があちこちにいるからこそ、社会全体も神だの仏だのの世界に耳を傾けようかなという気になる。永平寺や高野山に行けば坊様たちが修行をしているという事実があるからこそ、不信心な日本人でもなんとなく仏教に一目置き続けている。逆に、すでに社会の中に神仏をめぐる文化や習慣が根付いているのでない限り、個人が濃い信仰を抱くようになるのは困難だ。

宗教家はしばしば、「深い信仰がなければ宗教のことはわからない」と言うが、これはあくまでも一面での真理である。その宗教家だって「深い信仰」を得る前は浅かったはずである。それに、物事の理解には、深さもさることながら、広さも大切である。つまり、あれこれの宗教を横断して眺めるマクロな視点が必要だ。

本書は、読者に「浅く広く」宗教を知ってもらうことを目標としている。浅いというと聞こえが悪いが、ポイントはマクロな視点にあるとご理解いただきたい。

ちなみに、宗教学というのは、宗教に思い入れるための学問ではなく、宗教をマクロに比較するための学問である。そこには当然、宗教に対する批判の視点が入っている。本書もまた、そういう書き方をしている。

日本人は無宗教か？

日本人は無宗教だとよく言われるが、これはいささか単純な捉え方だ。

繰り返しになるが、第一に、もし個人の「深い」信仰のようなものを標準に考えるならば、世界中のほとんどの人々は、それほど深く宗教に思い入れているわけではない。信仰に打ち込んでいる人は、どの世界でも比較的少数であり、そんなのはイスラム世界でも同様だ。逆に、日本人の中にも非常に信仰的な人というのは、それなりに存在している。そうでなければ、書店に宗教コーナーや精神世界コーナーがあるはずがない。

逆に、「浅い」文化のレベルで考えるならば、仏教、儒教、道教、神道、あるいは民俗学で扱う民間の宗教的伝統のさまざまな思想や習慣が、日本列島全体を覆っていると言っていい。

ただし、日本においては、今挙げたように、宗教が複数並び立っており、どれが主力とも言えない関係にある。このあたり、キリスト教が主流である欧米社会や、イスラム教が主流である中近東の社会などとは異なる。それほど信仰的ではない人でも、たとえばイギリス人であれば「私はクリスチャンです」と言いやすいが、日本人の場合は、自分の宗教は○○教であると、はっきりとは言いにくい。となると、何よりも自覚を大切にするキリスト教の教理を基準にとると、日本人は「無宗教」だということになる。

自覚を重視するのは、キリスト教やイスラム教など、一神教である。しかし、インドから東では、宗教は生活習慣と一体化しており、あれこれの教義を信じるかどうかがうるさく問われることはない。仏教のように、出家と在家とを区別する宗教もある。出家者は自覚的に戒律に服し、身を律する。在家者はなんとなく曖昧な立場のままだ。

しかも、東アジア社会ではどこでも、仏教や道教や儒教がチャンポン状態で信仰されており、そんなところは日本と大差ない。

こうした文化的伝統の違いを理解する必要がある。これは宗教の「浅さ」「深さ」といった区別とはまた別次元の問題だ。どれかひとつの宗教に排他的に打ち込むことは、一神教の世界では大事なことかもしれないが、日本を含む東ユーラシアの多神教世界ではそれほどでもない。

儀礼への関心の高さ

キリスト教は教理としての信仰を重視し、仏教は悟りや解脱《げだつ》を得ることを目標とする。そういう意味では、俗世の日常を超えた精神性に仕える宗教だと言えるだろう。しかし、日本人の場合、仏教式の悟りや安心立命を求めもするが、それ以上に、儀礼の美的な形を守ることを重視する傾向がある。「日本文化は形から入る」と言われている通りだ。

日本には茶道、華道、香道、歌道、剣道、柔道……といったように「〜道」と名のつく習い事や修養のシステムが非常に多い。これらはたいてい精神的な訓戒のようなものを伴っており、宗教の儀礼とほとんど区別がつかない。

ちなみに、茶道は起源的に禅宗と深い縁がある。だから茶室の掛物には禅語などが選ばれる。みなでお茶を回し飲みする儀式が、南蛮渡来のカトリックのミサに似ていると指摘する人もいる（影響関係はよくわからないが）。ミサではキリストを記念して、パンとワインを共食するのである。

興味深いのは、世界の宗教の多くは、戒律という形で、儀礼的所作を守ることを重視していることだ。

たとえば、イスラム教徒は日に五回メッカに向かって祈るが、この祈りの所作は基本的に決まっている。定まった振る舞いの遵守を見ると、神への無批判な服従と思いたくなるかもしれないが、そうではない。イスラム教徒は、身体から入らないと宗教など雲散霧消してしまうことを知っているのだ。それは、「一期一会」などの理念ばかり説いてお点前の稽古をおろそかにしている茶道家はもはや茶道家とは言えない、というのと同じことなのである。日本人の宗教について考えるには、こうした習い事の世界までも含めて見ていく必要があるだろう。

インド人の行なう何かしら精神的な意味づけのある習俗の全体をヒンドゥー教と呼ぶ。ヒンドゥーとは要するにインドのことだ。もし、茶道も柔道も、あれこれの祭りも墓参りも、外国人にはやはり宗教的に見えるお辞儀の習慣も、あらゆる学校で行なわれている教室掃除の習慣も、すべてひっくるめて「日本教」と認識する慣行が成立していたならば、日本人は熱心な日本教徒だとの評判がたっただろう。これは要するに定義の問題である。

不言実行教？

東日本大震災の際には、過酷な状況の中で冷静かつ公正に振る舞っている被災者たちの姿が世界中に配信されて、人々を驚かした。逆に日本人は、宗教熱心だとされる国々における、地震後の略奪のニュースなどを聞くと、「おやおや」と思う。貧困問題や階級問題があることを理解したとしても、これは日本人にとって「宗教」の額面にどのような価値があるのかを疑わしく思わせる要因のひとつとなっている。

これに対しては、宗教と道徳とは違う、信仰と社会秩序とは別次元の問題だという意見もある。また、日本人が秩序正しいことは、国家や会社やムラ社会の体制への順応性と無関係ではなく、それはそれで問題なのだという意見もあるだろう。

しかし、そういった意見をすべて妥当と考えたとしても、なお、日本人の中に、何か、「不言実行」をよしとするような、そんな倫理感覚があることも確かである。その価値基準からすると、意識的に神よ仏よ救いよ悟りよと唱えたり祈ったりすることよりも、ただ単に誠実に生きることのほうがよほど価値があるのであり、その「不言実行教」が日本人の宗教だということになるのかもしれない。

もちろんこれは考え方次第だ。宗教の何たるかは、まったく価値基準次第、定義次第なのである。

日本人が意識的に学んでよいもの

ところで、「日本人もまた宗教的である」と書くと、「じゃあ、日本人はとりたてて宗教を学ぶ必要はないのだな」とか「日本人の生活感覚も諸外国の〝宗教的な〟人々の生活感覚もとくに差はないのだな」という反応が現われそうだ。

しかし、それもまた違う、と私は思う。

というのは、「宗教」のあり方はまったくさまざまであるのだから、それらの様式の違いを理解しておくことも必要だからだ。

一般的に言って、日本人は教理や思想に意識的・自覚的にコミットすることを嫌う。あるいは生活の思想のようなものをロジカルに学ぶことを嫌う。あるいは社会や会社など世俗の秩序と宗教の規範とを分けて考えることを嫌う。そのこと自体はやはり一種の偏向である。

タイ仏教とかイスラム教とかは教理がかなりかっちりと出来上がっていて、信徒は大なり小なりそのシステムの権威に服している。みながみな厳密に教理に沿って生活しているわけではないが、僧侶や学者など、その道の権威に一目置いている。しかるに、日本社会においては僧侶や神官にそれほどの権威はない。社会の運営に彼らの意見が反映されることもほとんどない。そのことがいいか悪いかは別にして、そうした違いを理解することは大事だろう。

身体的な習慣を重んじるという意味で日本人もイスラム教徒も共通したところをもっているが、しかし、日本人が好むのは、無意識的になじんでいく儀礼であり、アッラーが教えているのは、意識的にコミットする戒律である。両者の方向性にはやはり違いがある。

教理を学ぶ、戒律を守るというと、いかにも窮屈そうだ。しかし、日本的曖昧さというのも、融通無碍《むげ》なようでいてけっこう窮屈なところをもっている。それに日本社会にタブーがないわけでは決してない。そういう相対的な限界を認識するためにも、日本的「無宗教」と世界のさまざまな国民の奉じる「宗教」との肌合いの違いを知っておくことは大事だろう。

本書の構成

本書は、序章において、「神」と「仏」という言葉の使い方について簡単なレクチャーをしたあと、第1章と第2章で、薄い宗教、世界各地の文化的伝統としての宗教について概観する。次の二章では、一転して濃い宗教を取り上げる。第3章は信仰、第4章は呪術に焦点を当てる。その次の二章は、宗教の典型的な仕掛けとして、戒律（第5章）と儀礼（第6章）を取り上げる。そして第7章で、宗教の多様性、多面性と、現代社会における宗教の問題について考えたい。

そのあと、資料編として、大伝統——ユダヤ教、キリスト教、イスラム教、仏教、ヒンドゥー教、儒教と道教、神道と日本の民俗的世界——についての基本的知識を嚙み砕いて提示したいと思う。

宗教とは多面的で多次元的なものだということが、おわかりいただければ、本書の役目は果たせたことになる。最後まで読んでいただければ、信じる・信じないとは別次元の、宗教との新しい付き合い方が見えてくるかもしれない。

目次

序

序章——なぜ「神」と「仏」が区別されるのか

「神」と「仏」という言葉

本書は「宗教はいろいろだ」「信仰もいろいろだ」ということをご理解いただくための本である。したがってカミサマについても「いろいろである」ということから説明することにしよう。なにせ、「宗教」と言えば「信じる」、「信じる」と言えば「カミサマ」と来るのがふつうだからである。

「神」という概念はかなり広い。日本のアマテラス、スサノヲ、オオクニヌシなど、いわゆる「八百万《やおよろず》の神々」も「神」であるし、インドのシヴァとかクリシュナとかも「神」である。日本でもインドでも、大勢の神々がいることになっている。そういう宗教を多神教という。多神教の神は、人格的なイメージを帯びていると同時に、さまざまな自然現象や「豊穣」「戦い」「財」などの観念の象徴のような意味合いを濃厚にもっている。

他方、イスラム教のアッラーも「神」と呼ばれるし（昔は「アッラーの神」なんて言い方もあった）、キリスト教の信仰対象も「神」だ。これらの宗教では、たくさんの神を拝むということはしない。神は唯一であるという建前になっている。そういう宗教を一神教という。一神教の神は、世界全体に倫理的にかかわってくるとされる、何か究極性を帯びた存在である。

というと難しそうに聞こえるが、たとえば日本語でも「〇〇神」「△△のミコト」という〇〇や△△の部分（固有名詞の部分）を取り払って、ただ「神」と普通名詞で呼んでしまえば、一神教的なニュアンスを帯びるのである。アラビア語のアッラーは定冠詞つきの「ザ・神」に相当する言葉である。

地球上のどの民族の拝む霊的で人格的な存在も、日本語では概ね「神」と呼ばれる。多神教、一神教の違いはない。英語でもそうだ。みなgodである（一神教ならば「唯一」を強調してGodと大文字で始める）。

しかしここで「では、ホトケはいったいどうなるのだ？」という声が上がりそうだ。たしかに、日本には八百万の神様がいるばかりでなく、あまたの仏様もいることになっている。神社で拝むのが神様で、お寺で拝むのが仏様である。

どんな霊的・人格的存在も「神」と呼ばれる習慣があるにもかかわらず、こと仏教に関しては「仏《ほとけ》」と呼ばれ、決して「神」とは呼ばれない。英語でもふつうBuddhaをgodとは呼ばない。なぜこう区別するのだろうか。

神と仏をふたつ並べるのは当たり前の習慣になっているから、誰も疑問に思わないが、火星人ならきっと疑問に思うだろう。だからまず手始めに、この点にこだわってみようと思う。

日本語の事情

まず第一。日本語で「神」と「仏」が並立しているのは、ある意味で当たり前である。土着の神霊的存在を「カミ」と呼んでいたところに、外来宗教が「仏」*という言葉と概念を持ち込んだからである。六世紀のことだ。ふたつの異なる伝統がその後もずっと並立し、言葉も並立したまま、今日に至る。

神道では神様、仏教では仏様というのは、誰でも知っていることである。だが、では、なぜキリスト教の信仰対象が「仏」ではなく「神」の箱に放り込まれることになったのか、と聞かれたときに、あなたはうまく答えられるだろうか。

実を言うと、戦国末期のキリシタンの時代、キリスト教の信仰対象は「神」とは呼ばれなかった。「でうす」である。「でうす」はポルトガル語やラテン語のDeusの転用だ。「でうす」になる前は「大日《だいにち》」と呼んだこともあったらしい。しかし「大日」では、キリスト教が真言宗などと同じ密教の一派、西洋に伝わった変わり種の密教だと勘違いされることがわかって、この語の使用をやめてしまったのだという。大日如来は「仏」のひとつである。だから、キリスト教の信仰対象が言語体系としては「神」の箱ではなく「仏」の箱に入れられたことが、（ニアミスとして）一瞬だけあったということになる。

古代に遡《さかのぼ》って考えよう。中世に至るまで、土着の信仰対象である「カミ」は、威圧的な、おそろしい力を意味するものであった。猛獣とか、雷のような自然現象とか、人間に取り憑く霊威とか、威厳ある祖先とか、天皇とかである。他方、外来の仏教の「仏」は、人間を優しく悟りの世界へ導く救済者という意味合いをもっていた。もとより「神」と「仏」は、それぞれ土着系の神道と外来系の仏教というふたつの異なるシステムの文脈の中で用いられる概念であるから、いっしょくたにされるはずもなかったのであるが、言葉の意味合いとしても、だいぶ違った観念を表わしていたわけである。

古代以来、今日に至るまで、「神」と「仏」は別のカテゴリーとして並立し続けている。しかし、言葉の意味内容においては、両者は次第に接近していった。というか、「神」の側がだんだん「仏」に近づいていった。詳しいいきさつは資料編にまわすが、いわゆる「神仏習合」（神道と仏教のブレンド）という現象を通じて、「神」は救済者的な性格を強くもつようになった。江戸時代末期に出現した天理教や金光教という新宗教の「神」様は、もはや優しい救いの神様である。今日、日本人が「神仏」と呼んでいるものも、そうしたイメージに近い。

このように、日本の「神」は仏教と長く接触していたおかげで、超越的な救いの神としての性格をもつようになった。明治になってキリスト教の信仰対象が「神」と訳されるようになったのは、ひとつには、この言葉の意味合いがキリスト教的な概念として転用できるほど広いものになっていたためであると思われる。

多神教と一神教との違いは、こと用語法に関しては絶対的ではない。god（英語）やdieu（フランス語）やGott（ドイツ語）などもまた、多神教と一神教の別なく使える語である。というより、もともとこれらは古代ヨーロッパの多神教の神々を指す語であったのだ（ジュピターやビーナスはそうした古代ヨーロッパの神々である）。

では、なぜ「仏」という語を採用しなかったのかというと、これはまた別の事情からである。「仏」はBuddhaに相当する。このBuddhaを欧米人はふつうgodとは呼ばないのだ。このあたりのいきさつについては、次の項で説明しよう。

キリシタン時代のバテレン（神父）が「でうす」で押し通したのは、宣教的にはこれがいちばん安全なやり方だったからだろう。土着の言葉を用いると、土着のイメージを引きずってしまう。キリスト教の神も多神教の神道や仏教の神仏の中のひとつ、ワン・オブ・ゼムになってしまいかねない。それを嫌ったのだ。「大日如来」は真言宗や天台宗の曼荼羅《まんだら》の真ん中に描かれる仏で、これは精神宇宙の中心的原理のようなものを指すから、Deusに近いと一瞬思ったのかもしれない——というか、宣教師ザビエルが最初に接触した日本人がそう思ったのだ。

＊やまとことばの「ほとけ」は本来「ブッダ」と同じ言葉である。インドの言葉ではブッダ、これが西域でブドのようになり、古代中国語で浮屠（フト）のように音写されたあとで、日本で「ケ」がついて少し訛ってホトケとなった。この「ケ」が何を意味する接尾辞であるかは、諸説あってよくわからない。また、中国ではブッダのままにも呼ばれ、仏陀と音写された。略して仏、この仏の一字を「ほとけ」と訓ずる習慣である。

「ブッダ」の起源

ここで第二の事情に話がうつる。日本を離れて国際的に見ても、Buddha と god はいっしょくたにならない。それはなぜか。

これはひとつには仏教のロジックを反映したものだ。仏教は紀元前五世紀頃にインドの釈《しゃ》迦《か》（本名ガウタマ・シッダールタ）が開いた宗教である。当時も今も、インド人は無数のデーヴァ（deva）を拝む。deva はラテン語 deus と語源を一にする語であり、英語では god、現代日本語では「神」と訳される。伝承によれば、釈迦は瞑想を通じてデーヴァたち（神々）

も知らない知恵を得て、彼らを感服させてしまった。宇宙第一の真理を悟った釈迦はBuddhaすなわち「目覚めた人」となり、弟子に教えを広めた。デーヴァもまた釈迦から教えてもらう立場である。だから仏教のロジックにおいては、ブッダはデーヴァより格が上である。Buddhaはgodより、仏は神より格が上なのだ。

のちに発展した仏教（大乗仏教）は、インドの無数のデーヴァたちを修行の守護神として採り込んだ。梵天《ぼん》（ブラフマー神）、帝釈天《たいしゃく》（インドラ神）、自在天《じざい》（イーシヴァラ神もしくはシヴァ神）、毘沙門天《びしゃもん》（クベーラ神）、弁才天《べんざい》（サラスヴァティー女神）などなど、「～天」と名のつくのは、みんなこうしたデーヴァ（女神ならデーヴィー）だ。この場合も、天は諸仏の格下という位置づけである。

このように、仏教にとってはブッダとデーヴァは別次元の存在である。だから英語などでもBuddhaをgodの箱に入れるわけにはいかないのである。

ただし、これはあくまでも仏教側の事情であり、インドの主流宗教であるヒンドゥー教のほうから見れば、ブッダが特別な存在ということはない。今日のヒンドゥー教ではシヴァ神と並んでヴィシュヌ神の信仰が盛んであるが、このヴィシュヌ神（仏教風に言えば毘紐天《びちゅう》）の化身のひとつがブッダということになっている。つまりBuddhaはgodの化身のひとつである。

ヨーロッパ人は仏教の建前をいちおう尊重している。釈迦が悟って一種の救世主となったという伝承が彼らの心を大いに捉えた。キリスト教の救世主《キリスト》イエスを彷彿とさせるところがあるからだ。

英語でBuddhaと言えば、第一義として釈迦その人を指す。救世主を意味するキリストがChristと語頭を大文字にするように、ブッダもまたBuddhaと語頭を大文字で書く。

歴史的攻防戦の結果としてのカミガミの概念

というわけで、カミサマの信仰もなかなかややこしいのである。日本土着の「神」、仏教の「仏」、キリスト教など一神教の「神」の間には、意味合いの違いがある。しかも、日本の「神」の意味は時代とともに変化し、重層的になっている。仏教の「仏」だって、悟った人間（釈迦）という意味から、もっと超自然的で神様的な意味合いまでの広がりがある。キリスト教の「神」のほうも、天地の絶対神でありながら人間の姿（救世主キリスト）となって現われるという面妖なありさまだ。

カミサマの観念の重層性は、今日の「無宗教」の日本人の意識にも影響を与えている。実際、今日の日本人が「神」と言ったとき、そこには古代以来の畏怖すべき威力のニュアンスも、仏教のホトケのニュアンスも、一神教の絶対的存在のニュアンスもすべて含まれている。

たとえば、昨今パワースポットめぐりが盛んだが、パワースポットの多くはお寺ではなく神社である。やはり仏は修行者のイメージと、神は自然のパワーのイメージとつながっているのだろう。しかし、パワースポットに鎮座まします「カミ」には古代的な威圧するような恐ろしさは希薄である。その点では、救いや癒しをもたらす仏教やキリスト教のニュアンスが入っているかもしれない。いや、むしろこうした「軟化」は現代の信仰の特徴だろう。とくにニューエイジ、精神世界、スピリチュアリティなどと呼ばれる全世界的なポップな宗教カルチャーの影響だ。

アニメの『新世紀エヴァンゲリオン』を見ていたら、「人が神になろうとする」というセリフがあった。死んで英霊やご先祖様になるという話ではない。これは不完全な人類と完全なる神とを対比させる思考であり、そうした神には一神教の絶対神のニュアンスが濃厚だ。物語は多義的なので一律な解釈は不可能だが、作中で暗示的に描かれる「人類補完計画」においては、不完全な人類が――自他の融合を通じて――完全なる存在に進化してしまう予定となっている。人間が神に進化するのだ。この不遜《ふそん》な試みを禁忌として描いているところは一神教的だが、あたかも可能であるかのように描いているところに多神教的な影響があるかもしれない(多神教では人が神になることにさして抵抗がない)。さらにこれは「成仏」の思想に近いとも言える。成仏とは本来、死んでご先祖になることではない。人間がステージを上げて仏すなわち全知の存在になることである。

アニメは娯楽であり、文字通りの「宗教」ではないが、しかしすでに一神教化した「神」の概念が若者文化の中でそのまま通用していることには、意味があると思う（なお、テレビ版のオープニング中に現われ、主人公シンジの父親、ゲンドウの執務室の天井にも描かれている図像は、カバラー（ユダヤ神秘主義）で用いられる「セフィーロートの樹」と呼ばれる神と人間との相関を描いた一種の曼荼羅で、これまたニューエイジ文化にしばしば登場する。やはり全世界的なポップカルチャーの影響は無視し得ない）。

「神」という言葉が現われたとき、それがどの伝統の、どの時代の意味合いにおいて言われているのか、そこには伝統どうしのどのような意味の干渉が生じているのかをチェックする必要がある。それは「霊」でも「魂」でも「救い」でも「悟り」でも「死後の世界」でも「転生」でも「終末」でも何でもそうだ。宗教の概念というのは、いずれも伝統と時代による違いがあり、しかも伝統どうしの相互干渉があるのである。

さらに、言葉というのはおもしろいもので、「無宗教」の人でも「神」とか「霊」とか「救い」とか「悟り」とかの観念はもっている。だから小説にも登場するし、漫画やアニメにも描かれる。漫画に登場する禅坊主や剣豪が何か悟ったような言葉を吐いても、意味がすっと通じるのである。もちろんそれは文化の伝統の感化のおかげだ。言葉の使用に関しては、非信者であっても、信者の世界に半分足をつっこんでいると言えるだろう。

世界の大伝統

——第1章　薄い宗教①

本章と次の章では、「はじめに」に書いた「薄い」宗教――ひとつの社会を覆っている文化としての宗教、社会の共通の語彙や習慣としての宗教――について、概説的な話をする。

フランス人がクリスチャンで、トルコ人がイスラム教徒で、中国人が儒教徒だというのは、基本的に薄い宗教のことを言っている。アメリカがキリスト教文化圏で、中近東がイスラム教文化圏だと言うときも同様だ。

「はじめに」にも書いたことだが、我々日本人は、たとえば欧米人が教会に通ったり、先進諸国の科学者や作家などがインタビューの中で神について言及したり、アメリカの大統領が聖書に手を当てて宣誓したりするのをテレビ映像などで見ると、彼らがみな濃い信仰をもっているかのような印象を受ける。しかし、彼らの宗教的振る舞いの多くは、日本人が正月に初詣に行ったり、インタビューの中で「平常心」のような禅語を語ったり、政府要人が靖国神社に参拝したりするのと同様の、習慣であったり、レトリックであったり、政治的行動であったりするのである。それは文化的慣行であって、本気で神仏を信じているかどうかとはほとんど関係ない現象なのだ。

欧米人の大多数はクリスチャンという建前であるが、みなが神と出会うといった濃い体験をもっているわけではない。ジョージ・バーナード・ショーの曰く、ほとんどの人間のやっていることは、神への祈りなんてものではなく、せいぜいが神頼みだ。何か深い体験をして改めて熱心に教会に通うようになった人のみを「クリスチャン」と呼ぶべきだと考える厳格な人たちに言わせれば、欧米人一般はクリスチャンではない（それはもちろん極端な考え方だ）。日本で言えば、ただ法事のときだけお坊さんのことを思い出す葬式仏教徒は「仏教徒」ではないと主張するようなものである（これもまた、厳格すぎる考え方である）。

宗教を考える上で、意外に大事なのは、深い信仰ではなく、浅い文化的習慣だ、というのが筆者の意見である。

重要な八つの伝統

世界には無数の宗教的な伝統がある。そのすべてに目を通すわけにはいかない。常識的に知っておいたほうがよいのは、歴史の教科書などにも出てくるような、大手の伝統だ。すなわち、ユダヤ教、キリスト教、イスラム教、仏教、ヒンドゥー教、儒教、道教、神道といったビッグネームである。他にもシク教、ジャイナ教、ゾロアスター教などといった名前を聞いたことのある方もいるだろう。また、天理教とか創価学会とかクリシュナ意識国際協会とか、教団や宗教法人の名前となったら無数にある。

宗派や教派と呼ばれるものもたくさんあって、たとえば、仏教は東南アジアなどに広まっているテーラワーダ仏教（上座部仏教）と日本を含む東アジアに広まっている大乗仏教が区別されるし、この大乗の伝統の中にも、天台宗とか真言宗とか禅宗とか浄土宗とか、いろいろな宗派が含まれている。キリスト教でいえば、カトリックとかプロテスタンティズムとかいう宗派名がよく知られている。このプロテスタントがまた、ルーテル教会だのバプテスト教会だのとさまざまな小宗派に分かれている。

なにせ数が多い。これらを頭に入れるのは酒の銘柄を覚えるよりも難しいし、宗派どうしの違いを理解するのは、携帯電話のオプションサービスの違いを理解するよりも面倒だ。宗教学者だって、その全体像を把握しているわけではない。

しかし、無数の枝葉を出しているとはいえ、歴史的系譜をたどれば、ほとんどのものは少数のルーツへと還元できる。そのルーツとなるようなものは、先ほどあげた、ユダヤ教、*キリスト教、イスラム教、仏教、ヒンドゥー教、儒教、道教、神道といった歴史的なビッグネームである。

アフリカの部族社会や、アメリカ先住民、太平洋の島々の諸民族の宗教などは、本来これらとは系統が異なるし、いわゆる民間信仰や現代になって出現した新宗教といったものもたくさんあるのだが、それらもまた、多かれ少なかれビッグネームの影響を受けている。

*なお、ここに掲げた八つの宗教のうち、ユダヤ教は人口的にあまり大きな宗教ではない。しかし、これはキリスト教とイスラム教を生み出した母胎として歴史的に重要なので、「大手」のうちに入れさせてもらう。あくまで説明の便宜である。

世界地図で確かめる

世界的に有名な大宗教ともなると、たいてい教えに普遍性がある。たとえばキリスト教は愛を説くが、この愛は全人類に通じるものだろう。仏教は煩悩からの解脱を説くが、人間が煩悩まみれであることは普遍的事実だ。しかし、どんな宗教も、特定の地域の特定の歴史の中から生まれたものである。たとえ普遍的な内容を具《そな》えているとしても、どこかローカルな部分を含んでいる。宗教は、地域的な文化の一種でもあるのだ。

お釈迦様はインド人であり、仏典は古代インドの言語で書かれている。キリストはパレスチナの人間であり、地元の言語を話していたが、キリストの伝記である福音書は古代近東の国際語であったギリシア語で書かれている。イスラム教の開祖ムハンマドは、神（アッラ

A　通常の世界地図

ー）のメッセージをアラビア語で聞いた。クルアーン（コーラン）はそれを書きとめたものだが、アラビア語に習熟しなければ、神の言葉の微妙なニュアンスはわからないと言われている。

宗教が特定の地域や時代や言語や民族と結びついているというのは、見逃せない事実だ。だからまず、宗教が地域的な（リージョナルな、ローカルな）文化であることを押さえておかなければならない。

世界地図を眺めてみてほしい。Aは通常のメルカトル図法で描かれた世界地図である。

Bは世界を国別の人口比で描いたものである。私が描いたものだからそれほど厳密ではないが、イメージとしては大きく狂ってはいない。

非常にいびつに見えるが、ポイントは旧大陸の東側の人口が極めて大きいということである。中国とインドだけで世界の三分の一は占める。東南アジア諸国も

B　国別人口比で描いた世界地図

比較的大きい。ロシアやアフリカが相対的に縮んでしまう。

二一ページのCは、この国別人口比の地図で世界の大宗教の分布を描いたものである。

地図から読み取れること

変則的な地図ではあるが、これは我々に次のようなことを教えてくれる。

第一点。世界は大きく見て四つの宗教文化圏に分かれている。アメリカ大陸とヨーロッパのあたりはキリスト教が占めている。西アジアと北アフリカのあたりはイスラム教だ。インド半島はヒンドゥー教、東アジアは仏教／儒教／道教の混合地帯である。インドの北のはずれのあたりで、世界の四つの大宗教圏が出合っている。

より細かく見ていくと、実際の分布はもっと複雑だ。キリスト教はアフリカ南部やオーストラリア、フィリピンにも広がっているし、イスラム教はバングラデシュやインドネシアのあたりにも広がっている。

いずれにせよ、地図は極めてマクロな分布を示しているにすぎない。ミクロに見ていけば、どんな宗教も世界中に散っている。日本にもキリスト教会があるし、アメリカにも禅センターはある。さまざまな宗教教団が世界各地で活動中だ。それに個人的信仰となると、こんな地図ではまるっきり描き表わせない。そういう限界があることを知った上で、この地図を眺めていただきたい。

第二点。世界の東半分（つまり旧大陸のうち、インドから東側）に人口が大きく偏っている。そのため、普通のメルカトル図法の地図で見ていたときには比較的小さな集団に思われたヒンドゥー教文化圏やこの地図でいう「仏教／儒教／道教」文化圏が、実勢力としてはなかなかのものであることが見えてくる。逆に、世界中に広がっているように見えるイスラム教が、国の数から受ける印象ほどの広がりをもっていないことがわかる。

イスラム教やキリスト教は民族や国家を超えて広がっているので「世界宗教」、ヒンドゥー教や儒教・道教などは分布域がインドなり中国なりの特定の民族・国家にほぼ集中しているので「民族宗教」というふうに分類されるが、人口規模のことを考えると、こうした分類がどこまで妥当か、わからなくなる。

C　国別人口比で描いた宗教地図

第三点。東アジアのあたりがやや特殊である。つまり中国人、韓国人、日本人などは、仏教／儒教／道教を──日本人の場合にはさらに神道を──チャンポンにして信仰しているのだ。こうしたチャンポン信仰は世界の他の地域では珍しい。私のもっているブラジルの地図帳では、中国地域の宗教は「仏教」ということになっていた。儒教や道教は無視しているのだ。

日本人が自分の宗教が何であるのかはっきりしないということには、この東アジア特有のチャンポン型伝統の影響もある。○○教という単位が不明確なようでは、自分の宗教を何々と名乗るのも難しいだろう。

特殊という点では、東南アジア地域もちょっと目をひく。というのは、この地域は、タイやミャンマーの周辺は仏教（テーラワーダ仏教）、マレーシアやインドネシアの周辺はイスラム教、フィリピンはキリスト教、ベトナムは中国系の宗教（仏教／儒教／道教のチャンポン）という形で、「宗教の見本市」の様相を呈している。日本人が観光でよく訪れるバリ島はヒンドゥー教文化圏である。

今日、東南アジアの国々はASEAN（東南アジア諸国連合）を構成している。ASEANの域内は、文化的にも社会構造の点でも共通性が高く、経済や政治の結びつきも深い。宗教地図を描くとてんでんばらばらとなるのだが、この地域の宗教的緊張は、世界の他の地域に比べれば相対的に低い。イスラム圏であるインドネシアのジャワ島に、ヒンドゥー教の神話であるラーマーヤナなどを影絵芝居で演じたりする楽しい民間の行事があることからもわかるように、宗教の違いを超えた文化的交流が伝統となっている。

このように、仏教／イスラム教／キリスト教／ヒンドゥー教／中国系の宗教の併存する東南アジアには、仏教／儒教／道教のチャンポン地帯である東アジアにも通ずる「宗教感覚」があるのかもしれない。

現代世界においては、宗教どうしの交流や平和共存が喫緊の課題となっているが、東南アジアや東アジアの特異な宗教環境には注目すべき点があるように思う。

八つの重要宗教の特徴

以下で追々説明していくことになるが、ここに掲げた八つの重要宗教の特徴を、表に整理しておこう（二四、二五ページの二表）。本書を読んでいて、わからなくなったら、いつでもこのページに戻ってご確認いただきたい。

世界の８つの宗教的伝統

宗　教	時　代	開祖①	主な教典	性格②	布教の意図③	地　域
ユダヤ教	前２千年紀～		旧約聖書	一神教		中近東・ヨーロッパ系
キリスト教	１世紀～	イエス・キリスト	新約聖書・旧約聖書	一神教	全人類的	
イスラム教	７世紀～	ムハンマド	クルアーン（コーラン）	一神教	全人類的	
ヒンドゥー教	前２千年紀～		ヴェーダ聖典	多神教		インド系
仏　教	前５世紀～	釈　迦	仏　典	＊	全人類的	
儒　教	前５世紀～	孔　子	論語など	＊		東アジア系
道　教	２世紀頃？～		道徳経など	多神教		
神　道	７世紀頃？～		古事記など	多神教		

①キリスト教、イスラム教、仏教、儒教には開祖がある。他の宗教は、開祖がはっきりしない。その多くは民族の伝統として太古から受け継がれてきたものである。

②ユダヤ教、キリスト教、イスラム教は、親戚関係にあり、いずれも一神教である（ユダヤ教からキリスト教とイスラム教が派生した）。他の宗教は多神教（的）である。仏教と儒教に＊をつけたのは、仏教は多神教的とはいえ「神」ではなく「ブッダ（仏）」を信仰しており、儒教は家の祖先の祭祀を中心とする宗教だからである。

③宗教は地域的に限られた分布を示しているが、地域や民族を超えて普遍的に布教したいという意図をもった宗教もある。キリスト教、イスラム教、仏教がその典型だ。逆に、民族へのこだわりを強くもっている宗教もある。ユダヤ教、ヒンドゥー教、神道がその典型だ。儒教や道教は、事実上かつての中華帝国の政治的影響圏に留まっているものの、哲学的思想のレベルでは普遍的布教の意志を潜在させているとも言える。

一神教と多神教の系譜

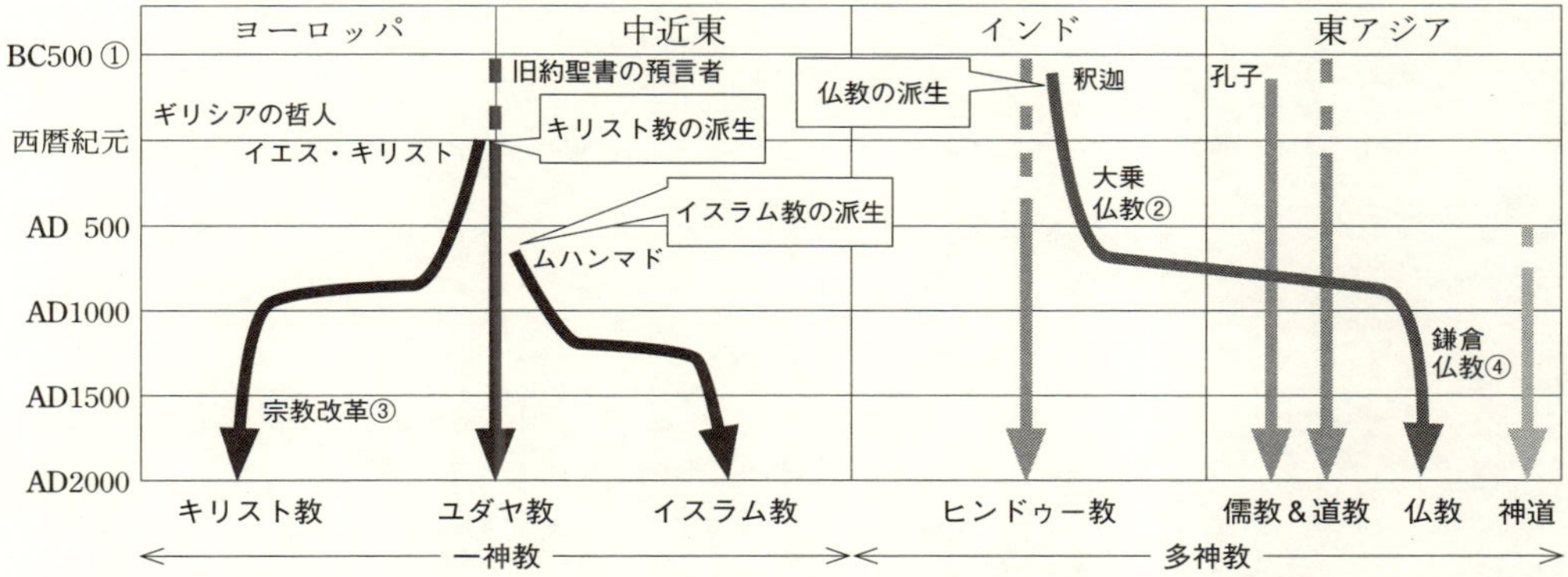

①紀元前500年の前後数百年の間に、ソクラテスなどギリシアの哲人、旧約聖書の預言者たち、釈迦などインドの思想家、孔子など中国の思想家（諸子百家）が輩出している。彼らはみな、現代まで続く大伝統の祖である（ギリシアの哲学の伝統は――合理的なので――ふつう「宗教」には加えられない）。
②インドで大乗仏教が派生したのち、それが東アジアに伝播した。
③キリスト教世界の宗教改革（プロテスタント宗教改革）は、西欧近代の幕開けを告げるものとして、ルネサンスや新大陸発見と並んで歴史の教科書で有名だ。
④平安末期から鎌倉時代にかけての法然、親鸞、道元、日蓮などの興した仏教運動（これもある種の宗教改革）を鎌倉仏教と総称する。

2

神の物語と悟りの物語

——第2章　薄い宗教②

詳しい歴史の話は資料編にまわすとして、この章では第1章で紹介した八つの宗教について、発想の特徴を見ていこう。諸宗教間のいちばん目につく違いは、「神」を唯一の存在とするか、多数の存在とするかである。いわゆる一神教と多神教との違いだ。

一神教の世界——ユダヤ教からのスタート

一神教から始めよう。ここにはユダヤ教、キリスト教、イスラム教という三つの宗教が含まれる。この三つは親戚どうしである。

まず最初に、地中海の東の外れ、今日イスラエル国のあるあたり（パレスチナと呼ばれる地域）において、ユダヤ教がスタートした。はるか紀元前のことである。日本で言えば縄文時代だ。たいへんに古い。

ユダヤ教誕生のいきさつはこうだ。古代中近東にいたアッシリア人、バビロニア人、エジプト人といった大民族のどれにも属さない、パレスチナのマイナーな諸部族がある神様を旗印にして部族連合をつくった。この諸部族をまとめてイスラエル人とかヘブライ人と呼ぶ。のちに彼らの子孫はユダヤ人と呼ばれるようになった。いちおうイスラエル人＝ヘブライ人＝ユダヤ人と考えて差し支えない（彼らの言語をヘブライ語という）。

彼らは同じ神様を拝んでいたので、民族（部族連合）がすなわち宗教団体であった。だからユダヤ民族＝ユダヤ教徒と考えて、これまた差し支えない。神道が日本人の民族宗教であるように、ユダヤ教はユダヤ人の民族宗教である。

出発点においてユダヤ人が信じていた神の正体は不明である。神を表わす聖書の用語も、エルすなわち普通名詞の「神」だったり、より個性の強い神であるヤハウェだったりと、錯綜している。いずれにせよ、この神は天地を創造した排他的な神と認識され、また全人類を生み出した生命の源泉との思想も定着した（人祖アダムとエバに生命を与えたのがこの天地創造神である）。ちなみに、天地を生み出した神という概念自体は、珍しいものではない。古事記神話にある天御中主（アメノミナカヌシ）は、天地の最初に出現した神であって、天地の創造神とは異なるが、ともあれ、これもまた、天地には最初の一瞬があり、そこに神がかかわっているという発想をもっている。

正義の共同体をつくる

ユダヤ教に始まる一神教のモチーフとして重要なのは、神が「ひとり」とされていることもさることながら、この神が何よりも社会正義を求める神と認識されている点である。正義や公平性の神という発想は、ユダヤ教、キリスト教、イスラム教に共通する大事な要素である。

この発想を理解するには、ユダヤ人自身の伝承に耳を傾けるのがいちばんだ。それは「出エジプト」の物語である。

むかしむかし、ユダヤ人たちは大文明が花開いたエジプトの地で、一種の外国人労働者として奴隷労働を強いられていた。彼らはキツイ、キタナイ、キケンの3K労働に携わっていた。あるとき、英雄モーセが立って、エジプト王と交渉し、この民をエジプトから解放する。民はパレスチナの地を目指して放浪する。途上、シナイ半島のどこかで、モーセは神ヤハウェから十の戒律を授かる。唯一の神だけを拝め、神の像(偶像)を拝んではいけない、父母を敬え、殺しや盗みや姦淫をするなといった、根本的な倫理規定である。民は、この戒律を中核とする神の定めたさまざまな規則——総合的に「律法」と称する——に服する。

これが旧約聖書(ユダヤ教典)中の二番目の書、「出エジプト記」の大雑把な内容である。

出エジプトの物語の訴えていることは、要するに、ユダヤ民族が搾取の構造から抜け出して、新しい共同体をつくったということである。搾取から抜け出して、新たな共同体をつくる。これは現代人の心にも訴える、非常に感動的なモチーフだ。

アメリカの建国神話は、旧大陸の不正義を逃れてきた者たちが新大陸で正義の国家をつくったというものである。出エジプトのユダヤ人はエジプト東方の海を横断した。アメリカ人は大西洋を横断した。チャールトン・ヘストン主演のハリウッド映画『十戒《じっかい》』（一九五六年）は、出エジプトの物語を映像化したものだ。アメリカの観客は、映画の『十戒』にアメリカの建国神話を重ねて見ていたはずである。

皮肉なことに、正義の国であるはずのアメリカは、伝統的に黒人差別を行なってきた。しかし、一九六〇年代に差別の撤廃運動が起きたとき、黒人の運動家たちを鼓舞したのも、やはりこの出エジプトの物語であった。

我々にとってわかりにくいのは、出エジプトの物語が、搾取を逃れて共同体をつくった者たちの物語であるにとどまらず、正義の神が民に戒律を与えた物語でもあることだ。

社会のルールを人間ではなく、神が決める――こうした考え方は、現代人にはなかなかピンとこないものだ。しかし、ルールの源泉を神や天に求める思考そのものは、決して珍しいものではない。福沢諭吉は「天は人の上に人を造らず、人の下に人を造らず」と言った。これはキャッチコピーのようなものだが、ともあれ、士農工商を超えた平等性の源泉を「天」

に求めている。中国由来の概念である「天」とはいわば神様のようなものだ。このような言い方が、新国家を求める明治の日本人を鼓舞したことに注目しておこう。

キリスト教とイスラム教の派生

「正義の神」というと、「俺様が正義だ！」と言って傍若無人に振る舞う神様をイメージしてしまうが、本来の意味からすると、そうではない。搾取や弱い者いじめのような不公正は許さない、天罰を加えてやるゾ、という意味で「正義の神」なのである。

ユダヤ教徒、キリスト教徒、イスラム教徒は、いずれも社会正義をめぐって天の神様に訴える伝統をもっている。

三つの宗教の歴史的関係を説明しよう。紀元一世紀にユダヤ教からキリスト教が枝分かれし、紀元七世紀にユダヤ教とキリスト教の影響のもとにイスラム教がスタートした。建前としては、ユダヤ教の神も、キリスト教の神も、イスラム教の神も、同一である。しかし、歴史的な事情があって、それぞれ異なる信仰形態をもつようになった。

キリスト教の開祖イエスは、ユダヤ人宗教家である。彼は保守的なユダヤの支配層から睨《にら》まれて死刑に処された。イエスの死後、彼を「救世主」と仰ぐ信仰が一部のユダヤ人の間に広まった。それがユダヤ教の枠を超えてローマ帝国内の諸民族に伝播《でんぱ》し、ユダヤ教とは別の宗教、キリスト教が誕生した。

ユダヤ教を母胎とするキリスト教は、一神教の建前をもっているが、救世主という微妙な存在――あたかも神の「分身」か「化身」のような存在――を信じているため、傍目には一種の多神教に見える。しかし、キリスト教のロジックにおいては、救世主イエスはあくまでも神と一体の存在なのであり、多神教ではない。

イスラム教の開祖ムハンマドは、アラビア半島の交易都市、メッカの交易商人である。彼は商売も一段落した中年になって、瞑想にふけるようになった。そして唯一神のメッセージを受け取った。当時のアラビア人は、部族単位で神々を奉じる多神教徒であったから、ムハンマドの伝えた唯一神からのメッセージは、人々の精神生活に革命をもたらした。

ムハンマドはイエスと違って神格化されなかった。彼はあくまでも、神のメッセージを伝達する普通の人間なのである。イスラム教においてイエスに匹敵する存在は、むしろクルアーン（コーラン）である。これはムハンマドが受信した神の言葉を編纂した一冊の本だ。キリスト教徒は、救世主イエスのうちに神の姿を見ようとするが、イスラム教徒はクルアーンの言葉のうちに神の姿を見ようとする。

三つの宗教の比較

ユダヤ教、キリスト教、イスラム教の信仰形態を図式的に比べてみよう。

ユダヤ教では、神の正義を実現する道は、民族が伝えてきたたくさんの約束事を守ることだと考えられている。ユダヤ教の教典である旧約聖書に含まれている文書のうち、最初の五冊——創世記、出エジプト記、レビ記、民数記、申命記——をあわせて「律法（トーラー）」と呼ぶが、ここに記されているさまざまな約束事——伝統的に六一三の項目が立てられている——を一生懸命に守るのである。

このたくさんの約束事——戒律と言ってもいい——の中には、殺すな、盗むな、偽証するな、といったモーセの十戒も含まれるが、他にも食物の規定だの、衣類の規定だの、さまざまな儀式のやり方だのが含まれる。

キリスト教徒は、律法を守るのを諦めて、かわりにイエス・キリストという生き神様を信仰する。つまり、規則中心主義ではなく、一種の人間中心主義なのだが、ただしその人間は、特殊な人間、神である人間、イエス・キリストのみである。クリスチャンの目標は、自己を無にしてキリストをいわば倫理的な心の鏡として生きることである。

日本人にわかりやすい言い方をすれば、ユダヤ教徒は、戒律をどこまで守れるかという修行に挑戦しているのであり、キリスト教徒は、キリストにどこまで自分を委ねられるかという修行に挑戦しているのである。どちらの場合も、修行に徹すれば、謙虚で思慮深い人間になるかもしれないし、それが神の正義に通ずる道であるかもしれない。

イスラム教徒のやっていることは、半分はユダヤ教徒に近く、半分はキリスト教徒に近い。まず、イスラム教は一日に五回の礼拝とか、豚肉を食べないとか、具体的な規則をもっており、この点でユダヤ教式である。ただし、規則の数は少ない。はっきり戒律として数え上げられているのは、（私はアッラーを信じるという）信仰告白、（日に五回の）礼拝、（貧者などへの）喜捨、（ラマダーン月の日中の）断食、（メッカへの）巡礼くらいなものだ。しかも、遮二無二守ろうとして無理をするなという有難い条件つきである。

一方、民族へのこだわりがなく、誰でも即座に信者として迎え入れるという点では、キリスト教式だ。すでに述べたように、キリスト教徒にとってのキリストに相当するのは、イスラム教徒の場合、神の言葉、クルアーンである。信仰の中心がキリスト、クルアーンと明確化されているので、民族を超えて伝播しやすくなっている。

一神教の三宗教の基本データ

受験勉強の暗記のようになるが、三つの宗教のポイントを簡単に表にまとめておこう。詳しい話は資料編を見てほしい。

一神教の３つの宗教

	ユダヤ教	キリスト教	イスラム教
時　代	紀元前〜	１世紀〜	７世紀〜
開　祖		イエス・キリスト	ムハンマド
教　典	旧約聖書①	新約聖書② 旧約聖書①	クルアーン （コーラン）
ポイント	律法の実践	キリストへの信仰	クルアーンの教えの実現
主な宗派		東方正教会③ ローマカトリック④ プロテスタント諸派⑤ など	スンナ派⑥ シーア派⑦

①旧約聖書は本来、ユダヤ教徒の教典である。創世記、出エジプト記、申命記、ヨブ記、詩編、イザヤ書など、40ほどの文書の合本である。キリスト教徒はこれを「旧約（＝神との旧（ふる）い契約）」と呼んで尊重するが、ユダヤ教徒自身はこの呼び名を用いない（タナハなどと呼んでいる）。
②新約聖書はイエス・キリストの伝記である福音書や、キリスト信仰を神学的に深めたパウロという人物の複数の書簡などからなる。福音書にはマタイによる福音書、マルコによる福音書、ルカによる福音書、ヨハネによる福音書の４種類がある。
③東方正教会は（ギリシアの伝統を汲むので）ギリシア正教（会）ともいい、ギリシアや東欧地域に広がる。国ごとに教会があり、それぞれ（狭義の）ギリシア正教会、ブルガリア正教会、ロシア正教会のように称される。
④ローマカトリックは、ローマ郊外のバチカンにいる教皇（ローマ法王）を中心に組織された最大の教会であり、南欧、ドイツ南部、ポーランド、中南米、フィリピンなどに広がっている。旧教ともいう。
⑤プロテスタント諸派は、ルーテル教会、バプテスト教会、英国国教会など、近代になってローマカトリック教会から分派した複数の教会を合わせて呼んだものである。新教ともいう。地域はドイツ北部、北欧、英国、アメリカ、カナダ、オーストラリアなど。
⑥スンナ派（スンニー派）はイスラム教の多数派である。
⑦シーア派はイスラム教の少数派であり、イラン周辺に信徒が多い。

多神教の世界

さて、次は多神教の世界だ。

太古の人類社会においては、どこでも多神教が普通であった。一神教のほうがむしろ例外であった。アメリカの先住民も、アフリカの部族民も、本来は多神教徒である（現在ではキリスト教やイスラム教に改宗している人が多い）。ヨーロッパ人も、ギリシア神話やローマ神話のゼウス（ジュピター）、アポロン（アポロ）、アフロディテ（ビーナス）といったキャストからもわかるように、古代には多神教徒であった。

一神教はなぜか旧大陸の西の方に誕生し、ユダヤ教、キリスト教、イスラム教という形で西方の世界を覆うようになった。しかし、東方では、これまたなぜか多神教がそのまま発展し、繁栄している。その代表的宗教がヒンドゥー教、道教、神道である。

多神教と呼ばれるだけあって、これらの宗教にはたくさんの神様がいる。

どのような神々がいらっしゃるのか、ちょっと確かめてみよう。

◎ヒンドゥー教の神々

ヒンドゥー教で最も人気のある神様はヴィシュヌ神とシヴァ神である。ヴィシュヌ神はさらに十の化身になって現われるとされる。そうした化身の中で有名なのは、ラーマとクリシュナだ。ラーマは「ラーマーヤナ」という叙事詩で有名であるが、その中には孫悟空の原型ともいわれる猿の戦士ハヌマーンの活躍記が含まれている。クリシュナは「マハーバーラタ」という叙事詩の中の「バガヴァッド・ギーター」という宗教的物語の主人公として有名である。マハトマ・ガンディーは「バガヴァッド・ギーター」の熱心な信者であった。

神々は他にもいる。ブラフマーという、宇宙の根本原理（ブラフマン、梵）をそのまま神格化した神様もいる。女神も多い。日本では弁才天として知られているサラスヴァティーは川の女神でもあるし、文芸の女神でもある。パールヴァティーはヒマラヤ山脈の女神で、シヴァ神の奥さんでもある。シヴァ・ファミリーには象の頭をもったガネーシャという男神もいる。ガネーシャは富の神でも学問の神でもある。銀行などが倒産すると、店内のガネーシャの像を裏返すという。

これだけではない。八百万とまではいかないが、とにかく何十も何百もいて、しかも地域により、村により、信仰の実態はさまざまであるらしい。多神教の「多」の少なからぬ部分は、信仰の地域差による「多」である。地域が変わると、同じ神も別の様相を見せるのである。

◎道教の神々

道教はどうか。神々は無数におり、これまたかなり混乱した印象を受ける。最高神は元始《げんし》天尊《てんそん》であることも、玉皇上帝《ぎょくこうじょうてい》であることもある。読者も漢文の授業で習っただろう哲学者の老子も神格化されている。神様としての名前は太上老君《たいじょうろうくん》だ。本来仏教のカミサマ（正確には菩薩《ぼさつ》）である観音《かんのん》や弥勒《みろく》も道教の神様となっている。閻魔様もやはり仏教に由来する神様だ。『三国志』に出てくる武人、関羽《かんう》も、関帝（関聖帝君《かんせいていくん》）という武力ないし財力の神として拝まれる。横浜の中華街に行ったら、ぜひとも関帝廟《びょう》を訪れていただきたい。日本の神社ともお寺とも異なり、色彩が豊富でなかなか綺麗だ。日本でよく知られているのは、邪気を払う鍾馗《しょうき》様である。昔は日本人も端午の節句などにこれを拝んだ。女神としては娘娘《ニャンニャン》と総称される出産や育児などの女神たちがいる。

◎神道の神々

では、我が神道の神様は？　神様のリストならば古事記を開くといい。創世の世に最初に出現したのが天御中主（アメノミナカヌシ）。天の真ん中というのだからいささか観念的な神様だ。注目していいのは、一神教のように神様が天地を創造したのではなく、天地の始まりになんとなく出現したのがこの神様だということである。そのあと、高御産巣日（タカミムスヒ）と神産巣日（カムムスヒ）という「むすび」の神様が対をなして出現している。「むすび」とは生命力のようなものであり、「むすこ」や「むすめ」などに含まれている「むす」と同じだと本居宣長は考えている。縁結びの「結び」はとくに関係ないらしい。いずれにせよ、これもまた観念的な神様だ。

かくして次々と神々が生まれ、やがて伊耶那岐（イザナキ）と伊耶那美（イザナミ）という日本版アダムとエバのような男女の神々が現われる（国学者の平《ひら》田《た》篤胤《あつたね》に言わせればイザナキとイザナミの神話のほうがオリジナルだというのだが……）。この二柱がまぐわって日本列島を生み出した。天地創造の話なのに、日本列島しか生まれなかったのは奇妙に思われるかもしれないが、聖書の天地創造神話だって、概ね中近東の地理のことしか書いていないのだから、やっていることは同じである。

こんな感じで次々と神々が生まれていくが、天皇家に直接結びつく天照大神（アマテラスオオミカミ）と須佐之男命（スサノヲノミコト）もまた、伊耶那岐・伊耶那美夫妻から生まれている。古事記の神話で奇妙なのは、こうした天の神々の他に、日本列島にいつの間にか住まっている土着の神々がいるらしいことだ。その代表格である大国主（オオクニヌシ）という神が天の神々に国土を譲り、かくて天から降下したアマテラス系の神人が天皇家として日本列島を治めるようになったというふうに語られている。

いずれにせよ、これらは天皇家の権威を語るために古事記の編纂者が編み出したストーリーである。原始時代の日本においてどのような神話が語られていたのかは、今となってはわからない。また、近代にいたるまで日本列島の津々浦々で祀《まつ》られ、拝まれていた神々の中には、古事記や日本書紀の記述と結びつかないものも多い。村々の神々、家々の屋敷神様などは、柳田國男《やなぎたくにお》の創始した日本民俗学で扱う神々である。

以上ざっと確かめたように、多神教世界の神々は多様にして複雑怪奇である。信仰と幻影と象徴のジャングルのようなものだ。一神教の単純化された神話や神学と比べると、かなり「未整理」な印象を受ける。

多神教を貫く原理

一神教においては、「神」の概念が非常に重要であり、その神が唯一神へと一元化されている。しかし、多神教の世界では、あれこれの神を一種の現象と見て、その現象の背後に宇宙的な原理があると考えることが多い。

たとえばヒンドゥー教には「梵（ブラフマン）」という概念があり、これが宇宙の根本的な原理を表わす。中国思想では「天（ティアン）」や「道（タオ）」がそうした根本原理を意味している。無数のブッダを拝む大乗仏教でも、ブッダは「法（ダルマ）」という真理の体現者であるとされている。さらに仏教でもヒンドゥー教でも「解脱」「悟り」というのが宗教の究極目標とされており、ちょうど一神教徒が神の正義を求めるように、これらの宗教の信者は人間の解脱を求める。神道でも、「まこと」とか「もののあはれ」とかに究極の理想が置かれている。

つまり、少なくともインドや中国や日本の多神教の世界では、一神教とは違った形で、宇宙でいちばん大切なものを求める伝統が息づいているのだ。だから一神教と多神教とを並べて、神様の数を比較しあっても実際にはあまり意味はない。

一神教世界においていちばん大切なものは神であり、だからそれは「一」なる存在にまで純化されている。この一なる神の正義を追求するのが人間の務めだ。多神教世界では神も霊も人も動植物もいわば複雑な「生態系」を織りなしており、ここにおいて一元化を図るということはしない。そのかわり、この生態系の中で生きる人間が、解脱する、悟る、安心立命を得るということを、最も重大な目標と考えている。

いわば、一神教の神に当たるのは、インドや中国や日本においては、解脱や悟りなのだ。そのための修行を積むことが、一神教の場合の社会正義追求に相当する努力目標である。

どちらが偉いとか賢いとかいう問題ではない。システムの違いの問題なのである。

変幻自在な仏教

仏教は不思議な伝統である。序章に書いたように、カミサマに相当する存在をブッダと呼ぶので、いったい仏教を多神教に入れていいものかどうか迷ってしまう。

仏教の起源は、紀元前五世紀頃における開祖の釈迦の悟りである。釈迦は人生と世界の一大事を悟った。悟ってしまうと、神頼みなんかはどうでもよくなる。神頼みする迷いの心から脱却するのが悟りだからだ。たとえ神様の存在を認めたとしても、ものの順序として、神様は二の次であり、自分の心が宇宙第一の問題だということになる。

このように、仏教は神様を拝むようなものとしてではなく、人間が修行をして悟りを開くことを目指す宗教として出発した。神頼みをするのが「宗教」だとすると、出発点の仏教には「反宗教」的な性格があったと言えるかもしれない。

しかし、仏教はそれだけに終わらなかった。時代が下るにつれて、開祖の釈迦自身が次第に神格化されてゆき、ほとんど一神教の神にも等しい絶対的な存在になっていったのである。悟った人のことをインドの言葉でブッダという（厳密には「目覚めた人」という意味）が、このブッダがほぼ神に等しい意味内容をもつ言葉になってしまったのだ。

今日でも、東南アジアのテーラワーダ仏教では、釈迦＝ブッダを絶対と仰いでいる。中村光の漫画『聖《セイント》☆おにいさん』は、現代日本の都会に、イエスとブッダが住み暮らして珍騒動を起こすというゆるいストーリーだが、このようなブッダの描き方は、タイなどではとても不敬に見えるだろう。

さて、仏教徒は、とくに紀元前後に盛んになりだした大乗仏教と呼ばれる仏教改革派は、広い宇宙には釈迦以外にも悟った人＝ブッダがいるに違いないと考えた。彼らはさまざまな神話的なブッダを拝み、そのパワーにあやかることで、自らの悟りの促進剤としようと考えた。大乗仏教では、釈迦のみならず、阿弥陀《あみだ》、薬師《やくし》、大日如来といったさまざまな神話的なブッダを拝む。そればかりではない。ブッダになる前の修行者——ブッダ候補生——のことを菩薩と呼ぶが、大乗仏教の神話の中には、観音、文殊《もんじゅ》、弥勒、地蔵《じぞう》など、無数の菩薩が登場する。大乗仏教の信者はブッダも菩薩も区別なく拝む。

さらに明王《みょうおう》と呼ばれるマジカルな存在（不動《ふどう》明王、愛染《あいぜん》明王など）も拝む。また、ヒンドゥー教の神々も、仏法の守護者と解釈して拝んでしまう。帝釈天、毘沙門天、弁才天、吉祥《きっしょう》天など「天」のつく存在はみな、ヒンドゥー系の神々だ（八ページ参照）。

このように、大乗仏教徒は無数の仏、菩薩、明王、天を拝む。これはもう多神教以外の何物でもない。

自力か他力か、人間か神様か

もう一度整理しよう。仏教の思想にはなかなかアクロバット的なところがある。最初は、悟った人のことをブッダと呼んでいた。しかし、人間はそう簡単に悟れないので、ブッダは次第に理念的な存在に変わっていった。つまり神様のようなものになった。さらにブッダやブッダに準じる菩薩などの神的存在が宇宙には無数にいるということになり、一般信徒はそうしたブッダや菩薩たちを拝み、そのパワーにあやかることに専念するようになった。

だから、仏教の信仰には次のような幅があることになる。

(1)釈迦にならい、修行をして悟りを目指す修行者がいる一方で、神話的なブッダ（や菩薩など）を拝み、その救済力にあやかろうとする信徒もいる。

たとえば禅宗ではもっぱら悟りの修行を行なう。釈迦は悟りの大先輩であるが、その神秘的パワーを頼むということはしない。完全な自力修行だ。

他方、浄土宗とか浄土真宗のような極楽浄土への往生を願う宗派では、もっぱら阿弥陀というブッダの恵みを頼みとする。いわゆる「他力」信仰である。これはひたすらキリストを信仰するキリスト教の発想に近い。

このどちらもが仏教なのだ。

(2)ブッダは釈迦というひとりの人間のことでもあり、神話的な存在――神の一種――でもある。

釈迦という歴史上の人物は、神格化されるに至った。法華経《ほけきょう》という大乗仏教の重要な経典では、釈迦には歴史上の人物としての姿と、久遠の昔から久遠の未来へと生存し続ける宇宙的ブッダとしての姿の二重のあり方があるとされている。

釈迦を人間と神様とがダブったような存在として捉えるのは、キリスト教において、イエス・キリストを人間でもあれば神様でもあるようなダブリの存在として捉えるのと、発想的に近い。これはなかなか興味深い思想である。

神あるいは悟りを求めるゲーム

以上、述べてきたのは、諸宗教の思想の枠組みのようなものであって、実際の信仰のありようはもっと複雑だ。一神教の神が正義の神だと言っても、それはあくまでも信者たちの建前であって、非信者にはそうは思えないこともしばしばである。
かつて――たとえば十字軍時代――キリスト教徒は異教徒を迫害し、改宗させることが正義だと思っていたが、これは今日のキリスト教徒自身の目から見ても、正義にもとる行為である。ユダヤ教の戒律のうち、安息日に休めというのは――労働者保護の観点から見て――合理的であるように思われるが、羊毛と亜麻とを混ぜて織った衣服を着てはならない（申命記二二章）などという規定が神の正義と何の関係があるのか、今日のユダヤ教徒にもさっぱりわからないらしい。

「一神教の神が正義の神だ」というのは、「一神教徒は神の名によって正義を探究している」というほどの意味である。その具体的中身が本当に正義にかなっていると言えるのかどうかは、また別個に論じなければならない問題だ。

次のように考えてみよう。

一神教徒は「神（唯一神）とは何であろうか？　神の正義とは何であろうか？　人間にとって神の救いとは何であろうか？」と探究し続けるゲームを行なっている人々である。同様に、仏教徒は「悟りとは何か？　それはどのようにしたら達成されるのか？　自分の現在の境地はどの程度のものか？」と探究するゲームの参加者である。

参加者のレベルはさまざまであるし――プロもいれば、ディレッタントやアマチュアもいる――、そもそもこうした宗教ゲームに上がりがあると言えるのかどうかも定かではない。ローカルルールもさまざまだし、歴史的に改訂もされてきた。

ゲームの部外者――異文化の人間――は、「神はあるのか？」「悟りとは何か？」という問題に深刻に悩む必要はない。ただ、神を求めるゲーム、悟りを求めるゲームが、実際に歴史の中で文化として営まれてきたことを尊重する必要がある。それは歴史に対する敬意なのである。

なお、この章では儒教についての解説を省いた。宗教とも道徳ともつかない儒教は、実際には道教や仏教とセットの形で実践されている。資料編6で儒教と道教をセットで解説するので、そちらをご覧いただきたい。

3

第3章　濃い宗教①

信仰

回　心

すでに述べたように、宗教には薄いレベルばかりでなく、濃いレベルがある。すなわち、文化としての宗教の他に、信仰という形で個人が深く思い入れるレベルの宗教がある。どこの世界でも、信仰に深い思い入れのある人というのは少数派である。そうした少数の人間が、神仏や霊や救いや悟りの世界に深く耽溺《たんでき》している。世間の人々はそういう人を指して「信仰者」とか「信心深い人」とか「宗教的な人」とか「霊的な人」などと呼ぶ。

ここで宗教学の用語をひとつ紹介しよう。それまであまり宗教に熱心ではなかった人が、あるときを境に信心深くなっていくことを「回心」という。薄い宗教が突然濃くなるのである。

改心ではない。改心というのは、悪いことをした人が「私が悪うございました」と心を改めることだ。回心とは、神様の方を向いていなかった人が神様と真正面から向き合うようになることである。心がくるりと回転するのである。

「目からウロコ」という言葉はすっかり陳腐化した言い回しだが、これは本来、宗教的な回心体験を表わす言葉であった。他ならぬ聖書にこの言葉があるのだ。

新約聖書に含まれる「使徒言行録」という書には、パウロという重要な人物の回心体験が載っている。パウロはキリストの直弟子ではない。彼はキリストに会ったことがなかった。キリストが死んだのち、次第に盛んになっていくキリスト信仰を、多くのユダヤ人が苦々しく思っていたが、パウロもそうしたユダヤ人の一人であった。で、キリスト信者を積極的に迫害してまわっていたのである。しかし、あるとき、パウロはキリストの声を聞き、馬から転落し、目が見えなくなり、口もきけなくなる。三日後に彼の目から「うろこのようなもの」が落ち、再びものが見えるようになったが、そのときには彼はもう立派なキリスト信者になっていた。

にっちもさっちも行かない状況から

救いが起きるためには、まず、困っているという状況がなければならない。悩みがあるからこそ救いがある。

しかし、悩みとなるとまた話が広くなりすぎる。「前に着たのと同じ服を着てパーティに行きたくない」みたいな贅沢な悩みだって、主観的には深刻であり得る。人にはメンツというものがあるからだ。ただ、そういうのをすべて含めて考えていくと際限がなくなるので、やはりここでは、もう少し客観的に深刻な悩みを基準に考えてみたい。

重病あるいは慢性病、怪我、老い、失業、貧困、借金苦、犯罪、いじめ、孤独、迫害、差別、剝奪、村八分、家庭不和、紛争、戦争、愛する者との離別、死別……などなど、にっちもさっちも行かない状況というのが数多くある。身体的に危険であり、心理的にしんどく、希望ももてず、生きていく誇りも保てないという状況だ。

こういう状況において、神仏が登場する（ことがある）。それはどういうことか。思考実験をしてみよう。

まず、我々は、宗教を信じている人も、信じていない人も、ふつう、明日に向けての「希望」をもって暮らしている。現在、健康な人が、「自分は明日には重病にかかっているかもしれない」などとは、ふつう考えないものだ。仕事のスケジュールを立てるときも、家族揃ってのキャンプを準備するときも、当然、明日もまた今日と同じく健康で幸せでいることを前提にしている。

これはまあ、自然なことではある。しかし、厳密に考えれば、こうした「明日信仰」は根拠のない希望だとも言える。古典的仏教の立場からすると、あらゆる未来の予測は、非合理的なものだ。来年のことを言うと、鬼が笑う。誰にも未来のことはわからない。

つまり仏教のお坊さんに言わせれば、ふつうの人がふつうに明日のことを信じているのも、一種の宗教のようなものだということになる。みんな、潜在的に、「明日」という名のうすーいカミサマを信じて生きているのだ。

ところで、先ほど羅列したような絶望的な状況に陥った人にも、やはり、希望をもって暮らす権利があるはずだ。権利、というか、希望をもつのは、人間にとっての自然な生理だろう。

この場合、状況が厳しい分だけ、カミサマが濃くならざるを得ない。健康な人が明日の健康を「信じる」ためには薄いカミサマで十分だが、重篤な病の人の場合は、明日の安静なる一日を願うだけでもカミサマの陰影が濃くなるのだ。

それは必ずしも、強力な神頼みをする、という形をとるとは限らない。

達人の域に達すれば、今日一日を無事に過ごせたことへの強い感謝の念を抱くようになる、といった場合もある。「カミサマ仏様ご先祖様、ありがとうございます」の念が強くなるのだ。未来への無理な期待ではなく、今授かっている命への感謝である。これは、漠然と未来を期待して生きているふつうの俗人よりも、かえって合理的な意識であるとさえ言えるかもしれない。

宗教が濃くなる、つまり回心が起こるとは、とりあえずこういうことなのだと考えられる。

具体的には、このような状況のとき、仏教文化圏に生きる者は、たとえば諸行無常の教えに深く共鳴し、何らかの悟りあるいは安心立命を真剣に求めるようになる。キリスト教文化圏に生きる者は、俗世に流通している正義を超えた神の正義について思いを馳せるようになる。あるいはユダヤ人として育った者は、旧約聖書に記されているユダヤ民族の苦難と救いの歴史を追体験する。

それまで、通り一遍に聞いていた伝統の言葉(浅い宗教の言葉)の意味が、妙に心に沁みて感じられるようになるのだ。

そうした体験は、ある日突然、詩や短歌の言葉の意味がわかるようになる、あるいは絵画や音楽の良さがわかるようになる、というのと似ている。わからないうちは、逆立ちしてもわからない。しかし、わかってしまうと、今までなぜわからなかったのかがわからなくなる。

神仏の空間に目覚める

あるいは、こういうこともある。

愛する者が死んでしまった。この欠落感をあなたはどのようにしたら埋められるだろうか。「死んだ者は生き返らない。仕方がない」だけで納得がいくものだろうか。生前にもっと優しくしてあげればよかったという思いがある場合、こうした「手遅れ」の事態を招いてしまった罪責感を何によって相殺できるであろうか。

もちろん、泣いて泣いて泣きはらすことで、頭をボーッとさせて忘れてしまうという手もあるかもしれない。しかし、いつもそう好都合に事は進まない。

このとき、逝った者と遺された者とをともに包み込むような、異次元の空間の存在を信じられるとしたらどうだろうか。あるいは、逝った者と遺された者の両方とコンタクトをとれるような、異次元の命——神仏——の存在を信じられるとしたらどうだろうか。

べつに今のあなたにこれを信じる義理はないが、信じる人がいたっていいのではないだろうか。そういう人たちの気持ちは、あなたにもわかるのではないだろうか。

キリスト教の天国や仏教の浄土の空間が親密に感じられるようになるのは、神仏の存在が濃くなるのは、こういうときなのだ。

妙な説明の仕方だが、おわかりいただけるだろうか。

ここで注意していただきたいのは、「神仏が果たして存在するかどうか」などといったことは、この場合、二の次三の次の問題だということである。そんな哲学的存在論などというのは、信者にとってどうでもいいのだ。

大事なのは、信者であるとないとによらず、我々人間が、常に何か「希望」をもって、つまり、何か自分の支えとなるものを信じて生きているという、平凡な事実だ。あるいは愛する者たちと同じ空間を共有しているということを心の支えとして生きているという、平凡な事実だ。

幸福な人生を歩んでいる人は、この希望や心の支えを意識しないで済む。この人にとって信仰としての宗教は要らない。薄い文化としての宗教に触れているだけで十分だ。

しかし厳しい人生に陥った人は、この希望を意識し、心の支えを希求せずにはいられない。すなわち濃い信仰としての宗教が必要になるのだ。

宗教の実存的解釈

宗教家はしばしば、「幸福な人には宗教はわからない」と言う。それは今私が説明したようなことを言ったものだ。ここで言う宗教とは信仰としての宗教のことだ。幸福な人は、ふつう、文化としての宗教以上のものを求める必要性を感じない。不幸になってはじめて、信仰などという人生の次元があることに気づく。

しかし、この問題をめぐっては、いくつか注記が必要だと思う。というのは、幸／不幸と宗教ないし信仰との関係は、実際にはもっと複雑だからだ。

問題はふたつある。第一に、不幸に陥った人のすべてが宗教に向かうわけではない。第二に、宗教と呼ばれる営みのすべてが、不幸に陥った人を救うものではない。

第一点から見ていこう。不幸に陥った人のすべてが宗教（信仰）に向かうわけではない。

つまり、神仏だの霊だの救いだの悟りだのに深い関心をもつようになるわけではない。逆に、るんるんと幸せそうにしている人が神様や霊感の話が大好きということもある。幸福か不幸かということと世俗的か宗教的かということとの間には、統計上、一対一対応の相関関係はない。

しかしここで、宗教の概念を拡大解釈することは可能である。不幸に陥ってなお、(宗教に依らず)自力で苦難を乗り越えたり、希望をもって生きている人というのは大勢いるが、その人たちもまた、何がしか人生の奥義に触れるような体験をしているかもしれない。そのような体験の深さそのものに、一種の宗教的な次元を読み取ることが可能かもしれない。

たとえば、重篤な病にかかった人や、いじめの中で苦しんでいる人が、ジョン・レノンの歌で癒されるということがあるかもしれない。この場合、その人にとってジョン・レノンのメッセージが一種の福音として働いたと見ることが可能なのではないだろうか。

言い換えれば、伝統的な意味での宗教の形を具えているかどうかは、信仰の次元の宗教においては二の次の問題であり、当事者の実存体験の深さこそが「宗教の本当の指標」であるという捉え方もあるということである。

実際、宗教をめぐっては、今私が述べたような実存的解釈をする人が多い。それは、言葉や理屈の世界の神仏、単なる惰性としての儀礼や戒律などは、宗教の「本質」ではない――

いようだ。

逆に、神仏について語らなくても、魂が深い体験をしているならば、そこに宗教の「本質」が生きている——という捉え方である。

文化としての宗教よりも信仰としての宗教を重視する人は、こういう見方をすることが多いようだ。

馬鹿と鋏と宗教

問題の第二点。宗教と呼ばれる営みのすべてが、不幸に陥った人を救うものではない。むしろ逆に宗教は、不幸な人をさらに不幸にするという芳しからぬこともやってきた。たとえば病気になった人に向かって、「病気は前世の因縁だ」などと主張する宗教家が今も昔もいる。自業自得というのは仏教語だが、自分の行為の結果を自分が引き受けるという因果論だ。この言葉は、馬鹿や鋏《はさみ》と同様に「使いよう」によってニュアンスが大きく変わる。これは本来は「修行をすれば、その良い結果が自分に現われる」というような前向きの意味合いで使った言葉なのだが、今日では、失敗した人をさらに念入りにいじめるために使われることが多い。宗教家もまた、業《ごう》が深いものだ。

キリスト教は、キリストを信じさえすれば救われると救いの大盤振る舞いをする一方で、この福音《グッドニュース》に耳を傾けないユダヤ人やイスラム教徒を、地獄の輩として迫害してきた。また、近代初期には、異教である民間信仰の中に生きている女性を「魔女」と見なして火あぶりにするなんてこともやってのけた。

信ずる者は救われる——ここまではいいが、信じない者を率先していじめてきたのは、いただけない。

もちろん二面性があるのは宗教家に限らない。僧侶であれ、学校の先生であれ、スポーツのコーチであれ、説教する者というのは、理屈の上では「善いもの」を説いているはずであっても、つい教えの押し売りに走って、「なぜお前はこの善いものを受け入れないのか、けしからん！」と言い出しがちなものだ。

そんなわけだから、厳格に中立的な立場からコメントするならば、宗教は不幸な人を救う場合もあるし、救わない場合もある。逆に不幸な人をいっそう不幸にすることもある、と述べておくしかなさそうなのである。

不幸の理由？

宗教の救いについて考えるにあたっては、次の点に思考をめぐらしておく必要がある。

そもそも人の陥る不運には原因というものがあるのだろうか。

火のない所に煙は立たないとは言うが、火がないのに煙が立つ場合もあるのではないだろうか。

病気のすべてが当人の不養生のせいではないことは、誰にでもわかる。遺伝病のような場合は、まったく当人に責任がない。生活状況から病気になった場合でも、その人が病気になるような生活を送ったことのすべてを当人の責任に帰すことはできない。たとえば、今日では身体に悪いものの代表のように言われているタバコであるが、これを吸うのは、一時代の文化だったのであり、誰でもやっていたことだ。働き詰めで身体を酷使していたとしても、それ以外には家族を養う手段がなかったかもしれないし、その業界ではそれが当たり前であったかもしれない。

病気であれ、破産であれ、紛争であれ、家庭不和であれ、何か悪い結果が出てから、さかのぼってそれを「当人の責任だ」と言い出すのは、アンフェアな議論である。問題は、宗教を信じない人間も、宗教を信じる人間も、この種のもっともらしい因果論を語りがちだということである。

(1)不運な人間が不運に陥ったのは、人生戦略が甘かったからだ。
(2)不運な人間が不運に陥ったのは、自分の力を信じていないからだ。
(3)不運な人間が不運に陥ったのは、神仏の力を信じていないからだ。

(4)不運な人間が不運に陥ったのは、前世に悪いことをしたからだ。

これらの説明のうち、(1)は世俗のいわゆる自己責任論であり、人生を「成功をめざすゲーム」と見立てているビジネスマンなどが信じやすいものである。彼らは自分自身が失敗をしでかすまで、自己責任論を説き続けるだろう。(2)は自己啓発セミナー型の積極思考であり、自己のパワーを信じるあたりは宗教的（呪術的）であるが、やはりビジネスマン向けのロジックである。(3)は宗教によくある論法であり、神仏の救いを説いているという点では救済的であるが、神仏に縁のない人間の自己責任を説いているという点では世俗のロジックに近い。(4)もまた宗教家がしばしば口にする脅し文句であり、霊感商法でひと儲けするには好都合な思考法である。

世俗的なものも宗教的なものもあるが、いずれも、人生の不幸に対して、何の根拠もない理由づけをしているという点で、どっこいどっこいである。いずれも安直な因果論だ。

もし、人生の救いについて真剣に考えるならば、世俗的な人も、宗教的な人も、このような安直な因果論を脱却する必要があるだろう。

以上眺めてきたところを踏まえて、改めて、文化としての宗教（薄い宗教）と信仰としての宗教（濃い宗教）との関係について考えてみたい。

文化としての宗教とは、社会一般に行き渡った宗教的な思考と習慣の総体である。それは個人が信心深いか無宗教であるかと無関係に、文化の共通語彙として地域や民族社会を覆っている。

その対極に、個人の内面の問題としての、信仰としての宗教がある。これは個人が苦難のような実存的な問題に触れたときに、自らの全生存をかけて見出す神仏の救いの次元である。「はじめに」で述べたように、このふたつはニワトリとタマゴの関係にある。文化の慣習があるからこそ、個人は苦難に遭ったとき、神仏の教えに触れてみようかな、などという気になる。また、深い信仰をもった個人がいて「神仏の救いはあるんだ」と頑張っているからこそ、文化の語彙としての宗教も、雲散霧消せずに世の中に受け継がれる。

この両者をとりもっているのが、教団であり、聖職者であり、宗教的活動家であり、神学者だ（これを「組織としての宗教」と名付けてもいい）。

そして、信仰、組織、文化のいずれのレベルにおいても、宗教には「馬鹿と鋏」のようなところがある。つまり使いようによっては、人生の深い洞察を得るための道具となることもできるし、馬鹿げた霊感商法やカルトに堕することもできる。

個人の信仰は大事なポイントではあるが、いくら個人にとって意義深いものであったとしても、それだけでその信仰が人類一般にとって重要な体験であるということにはならない。まったく人間というのは千差万別であり、洞察力も理解力もさまざまであるから、個人的には有意義であっても、他人に通じない信仰だってあるわけだ。さらには単なる幻想も、非倫理的なもの、犯罪的なものもあり得る。

そして、個人を指導する組織の側にも、迷妄はあり得る。あまりに迷妄が激しいとカルトということになる。救いと称して地下鉄にサリンを撒いたオウム真理教がその代表例だ。歴史的大宗教だって、過去には失敗続きだった。ハンセン病患者を差別し、女性を差別し、他宗教の人間を迫害し、宗教戦争を演出した。

そういう失敗の歴史もまた、文化の記録の中に入っている。あるいは仏教教団やカトリック教会のような大宗教組織の記憶の中に入っている。それが伝統というもの、宗教文化というものだ。

文化の良さ、伝統の良さというのは、懐の広さだ。すぐれたものと並んで馬鹿げたものも全部入っていることが見え見えであるような伝統ほどいい。

文化としての宗教のもつ「失敗のアーカイブズ」としての役割は大きい。それは無数の宗教的迷妄の歴史的記録である。

もちろんそれは無数の宗教的叡智の歴史的記録でもある。仏教にもキリスト教にもユダヤ教にも儒教にも、そうした過去の記憶遺産が豊富にある。

そういう意味で、我々は、個人的信仰とは別次元の、文化としての宗教という歴史的共有財産に、もっと注意を払うべきなのではないだろうか。

罪の問題

本章では信仰をもっぱら不運や不幸という観点から説明したが、もうひとつ、信仰には「悪」や「罪」にまつわる局面がある。

人をいじめてしまった。犯罪を犯してしまった。自分の過失で取り返しのつかない事態を招いてしまった。俺は、私は、馬鹿だった……。

これもまた「不運」な境遇である。だからここでも濃い宗教、信仰が救いとなる。たとえば、親鸞《しんらん》は、善人が極楽に行けるのなら、悪人が行けて当然だと言った（「善人なほもて往生をとぐ、いはんや悪人をや」）。この場合、善人とは、結果的に悪人にならずに済んだ幸運な人である。人が悪を行なう状況に陥るか陥らないかは境遇――過去の因縁――次第なところがあり、当人の意志と無関係であるからこそ、善人が極楽に行けるものなら、悪人が行けて当然なのだ。

もちろん、信仰とはふつう、単に自分を無限に甘やかすことではない。罪責感をそのまま無にしてパッパラパーと生きるようになるのが信仰なのではない。むしろ、こんな罪のある、悪人である私でさえなお救われるという、どん底の希望が信仰なのだ。

阿弥陀は悪人こそ救ってくれるという。キリスト教は人間そのものを罪ある存在と見て、その罪を背負ってくれるキリストを絶対の神と崇める。神道であれば、あらゆる不運や不浄や罪を人々の連帯的な問題と見て「お祓い」をする。ロジックは少しずつ異なるが、いずれも、先ほどの自己責任論などよりもよほど深いレベルで、悪の「不運」と「責任」の問題と取り組んでいるのである。

第4章　濃い宗教②

奇跡と呪術

大宗教と信仰治療

宗教の営みのかなりの部分を、病気治しや健康促進が占めていることは否定できない。どこの国でも、新宗教教団は病気治しを売り物にしている。私の家の郵便受けに入っていた、ある教団の広告を見ると、失明の危機から救われた、急性骨髄性白血病から救われた、事故で脊髄を損傷したが回復した、という体験者の記事が載っている。教団の説く浄めの儀礼を続けることで治ったというのである。

信仰治療もまた、一種の「濃い」宗教だ。非常に濃くなると、医者も見放したような重病の治癒を願う文字通りの奇跡信仰ということになるし、もっと薄い場合には、さまざまな「癒し」や「健康法」の実践ということになる。ヨーガや太極拳までくると、宗教なんだか余暇の体操なんだか区別がつかなくなり、だいぶ薄いと言うべきかもしれない。

日本では比較的お堅い宗教として知られているキリスト教も、世界的に見れば、信仰治療のようなマジカルで「怪しげ」なことをたくさんやっている（もしかしたら、信仰治療を率先して行なっていないのが、日本においてキリスト教の布教が振るわないいちばんの理由であるかもしれない)。フランスのルルドの洞窟の水には奇跡的治療の効果がある——場合がある——とされている。これはカトリック公認の信仰治療だ。一九七〇年代に非常にはやったアメリカのテレビ伝道師と呼ばれる面々は、テレビ番組の中で次々と癒しの奇跡を演じてみせた。ブラジルはサルバドールのボンフィン教会に行くと、天井から手足の模型のようなものがたくさんぶら下がっており、なんだか不気味だ。これは身体の悪いところの奇跡的治癒を感謝して信者たちが奉納したものなのだそうである。

そもそもキリストが信仰治療師であった。福音書にはキリストが中風、皮膚病、婦人病、盲目、歩行困難、精神病まで治療して回っている様子が描かれている。キリストの救いは社会的弱者に寄り添う精神的なものであるが、しかし、神の子は訓戒だけ述べて病気を放っておくなどということはしなかった。身も心も救ってくれたのである。

仏教のほうはどうかというと、開祖の釈迦がキリストのように信仰治療を施して回ったとは伝えられていない。釈迦の死後、仏教の修行法、教理、儀式、組織はいずれも複雑化していくが、呪術的な要素も次第に発達していった。ことに密教と呼ばれる流れは、加持祈禱と称して、呪術方面に力を入れるようになる。

建前から言えば、仏教は自己の苦を観察して、そこからの脱却をはかる宗教である。そこでは煩悩への執着が否定的に捉えられている。そういう意味では、魔法のように病気から解放されるなどという「妄想」にひたることは、仏道の趣意に沿わないと言えるかもしれない。

しかし、病気治しが妄想だと言えるためには、科学や医学が十分に発達していなければならない。科学以前の時代には、信仰治療が妄想かどうかなんて誰にもわからなかった。だとすれば、心優しい仏教の修行者たちが、民衆の病苦を救う呪法という「科学」の研究にいそしんだとしても、少しもおかしなことではなかった。病気治しは仏法そのものでないとしても、民衆に示す慈悲は仏法なのである。

呪術信仰をどう捉えるか

信仰治療、開運祈願、雨乞い、占い、終末予言など、超能力的なパワーに対する信仰を、近代科学の観点から合理化することは、まず無理だろう。このことは、どうしても言っておかなければならない。超心理学という学問分野もあるが、みなを満足させる成果が上がったという話は聞かない。

二〇世紀の初頭に一種の霊能ブームがあり、当時威信を高めつつあった科学の方法を、霊的パワーの領域に適用すれば、何らかの科学的知見が得られるのではないかと期待された。電波だの放射線だのという目に見えない力があるのであれば、精神的なパワーが何らかの形で物質的な効果を現わしたとしても不思議はないからである。実際我々は意志の働きで自分の身体を動かしているが、そんな形で精神→物質への影響力行使が可能であるならば、黙って念じるだけで写真に霊を写したりすることができたっていいではないか、と、推理することは可能である。

民芸運動で大きな功績を遺した柳宗悦《やなぎむねよし》もまた、若いころは心霊科学の可能性に夢中であった。そういう時代であったのだ。

時が移って、二〇世紀の後半にも、再び霊能力の科学的証明に対する期待が高まった。一九六〇～七〇年代、アメリカがベトナム戦争という大義の見えない戦争を遂行し、国内外から批判されていたころ、政治的反体制、文化的反体制、宗教的反体制が同時に共鳴しあって倍音を奏でるようになった。世俗的カルチャー面では、ロック、ドラッグ、サイケデリック芸術、長髪などの風俗の革命が進行し、宗教面では西洋の精神的支柱であるキリスト教への批判が高まり、禅、ヨーガ、道教、アメリカ先住民文化などが欧米の中産階級の若者たちの間でヒットするようになる。いわゆる対抗文化（カウンターカルチャー）である。

ニューエイジや「精神世界」などとも呼ばれるそうした宗教文化の中には、占星術など呪術的な要素も多分に含まれていた（ニューエイジ、すなわち新時代とは、二〇世紀後半に「水瓶座の時代」が来るという占星術の主張に基づく命名である）。呪術的な期待は、学術的な方面にも浸透した。たとえば、アメリカ先住民族の調査書の体裁でファンタスティックな呪術体験を記述したカルロス・カスタネダの小説が、人類学の本として通用した。自然科学においても、量子力学などの先端科学の知見から、宗教的な世界観が肯定的に読み直されたりしたが、霊能的なものに期待する人々は、呪術的世界観が科学からお墨付きを得たような思いにかられた。さらに、臨死体験や前世の記憶といった分野がある。一部の研究者はこれを心理現象や都市伝説としてではなく、実在の現象と考えた。

しかし、呪術的なものを「科学」の観点から正当化することへの期待は今日ではだいぶ薄れてきたようだ。

人はみな呪術的である?

私自身は、信仰治療を含めた呪術（マジック）の「科学性」は信じていないし、将来それが新たな科学に結びつく可能性もあまりないのではないかと思っている。しかし、呪術的信仰は迷信であるから排撃すべきだ、とも思っていない。というのは、科学的根拠もなく何かを信じているというのは、人間にとって、むしろ常態だからである。

すでに第3章に書いたことだが、人間はいつも何かを信じ、何かを期待しながら生きている。たとえば自社の今度の企画は当たると信じている。あるいは東京オリンピックを開催すれば日本はよくなると期待している。中には隣国と戦争すれば領土問題は解決するなどと物騒なことを信じている人もいる。いずれも、少しも「科学的」な話ではない。こういうものの中には、はた迷惑な信念もあるが、楽天的で前向きなものも多い。

私はこれまで半世紀生きてきたが、一九六〇年代に信じられていたこと、七〇年代に信じられていたこと、八〇年代に信じられていたこと、九〇年代に信じられていたこと……を比較すると、人間というのはいつも集団で夢を見ているような存在だなと思う。八〇年代のバブルの時代の日本人のはしゃぎぶりは、九〇年代の不景気の時代から見れば、新興宗教かカルトのように見える。政治的動向も半世紀で左が後退し右が台頭している。左側の陣営は個人の福利を支える国家の働きを詰めて考えず、右側の陣営は近代の国家制度と伝統的ライフスタイルとを混同しようとする。どちらにも希望的観測のようなところがあり、呪術か神話めいたところがある。

こういう集団の夢はもちろんきちんと批判し、暴走を抑え込まなければならないだろうが、そもそも「夢を見るな」と言うのは無理というものである。個人レベルの魔術的信仰についても同様だ。自分の事業やら家庭やら健康やら何やらをめぐって奇妙な私的幻想を抱いている人がいても、その人を必要以上に責めることはできない。

もちろん、たとえば何十万円もする数珠を買えば難病も治るなどという途方もない信念に対しては、「頭を冷やせ」と諄々《じゅんじゅん》と説く必要がある。難病プラス経済的苦境という二重の悲劇を避けるためである。しかし、ちょっとした健康法で気分が休まったとか、占いやマジナイで明日を生きるパワーが出てきたと思って元気よく暮らしている人に向かって、その不合理性を諄々と説くのは、限りなく「余計なお世話」に近い。

鍼《はり》は（ある程度）痛みの緩和に効く可能性があるそうだが、それは医薬のプラセボ（偽薬）効果に似た心理的効果かもしれない。しかし、実際に痛みが和らいだと感じている人に対して、「それは気持ちの問題だ」と言って聞かすのは、あたかも楽しいテレビ番組を見て大いに笑って寿命も延びる思いをしている人に向かって、「それは絵空事です！」と水を差すようなものである。

昔々のこと、私たちのご先祖様は、日照りなんかが続くと、村を挙げて雨乞いの儀式をやった。さて、それに効果はあったか？　科学的・統計学的な意味では、無かっただろう。しかし、村を挙げて天に祈ることで、集団が置かれている過酷な状況について認識を共有するという点では、意味があったに違いない。村民の結束も高まろうというものだ。

このように、呪術の効果には、個人的気休めとか社会的団結といった要素も含まれる。そして人間にとってはそれが案外に重要な効果なのである。

きれいごとではない

伝統的な宗教の神々が、社会的な正義や心理的な悟りの神であるばかりでなく、信仰治療を通じて病気を治し、健康を増進する神でもあるというのは、意味深長なことである。結局それは、宗教的な正義とか悟りとかいったものが、単なる倫理的なきれいごとに留まるものではなく、人々への愛情とか慈悲とかと連動したものだということだ。

慈悲深い宗教家は、病気で困り果てている人に、そのまままるごと同情してしまう。病気の人の願いは病気が治ることだ。それにどこまでも寄り添うのだ。子供が危篤状態になって、両親が気もふれんばかりに祈っているとき、快復の科学的可能性、統計学的頻度の話をするのは場違いというものである（それが無意味というわけではもちろんない）。そうした現場においては「奇跡は起こるかもしれないし、起きないかもしれない」という言葉は余計なおしゃべりにすぎない。語る価値のある言葉は「奇跡は起こる」という言葉である。

生命力としての神

さて、濃い宗教の話はこれくらいにして、薄い宗教、文化としての宗教の観点から、信仰治療をめぐる文化的背景について簡単に触れておくことにしよう。

一般的に言って、神仏の働きの重要な要素のひとつは、生命力の活性化である。農作物を実らせ、子宝を授け、毎日を幸せに暮らせるように計らってくれるのが神様だという考えは、世界中にある。

昭和の頃まで盛んであった日本の新宗教諸教団は、共通項として「生命主義的世界観」をもつと言われる。つまり、あらゆる存在には大いなる生命の働きが見出される、人間はその恩恵によって生きている、という思想だ。この大生命なるものを新宗教では「神」と呼ぶことが多い。

序章で見たように、古代の日本語のカミという言葉は、猛獣や雷のような激しい自然現象や、強烈な権威をもった人間に対して用いられていた。この古代のカミもまた、一種の生命力の発現と言うべきかもしれない。古事記に語られる天照大神が太陽をシンボライズしていることは明らかだが、陽光が生命力の源泉であるのは、農作業の経験から言っても、生物学的観点から言っても、間違いのないところだ。そうなると、天岩戸から女神が現われるのは生命力の復活のシンボルということになり、これはたとえば世界各地に見られる冬至の祭りのイメージと二重写しとなる。

キリストは死んで復活したと言われる。ここにはさまざまな神学的な解釈があるが、単純に生命力の復活のシンボルというふうに理解している人も多い。キリストの復活は日曜ごとのミサ（聖餐式）で記念されるが、それを大々的に祝うのが毎年春に行なわれる復活祭だ

(これは太陰暦が一部にからんだ計算をするので、日付は毎年移動する)。他方、キリストの生誕のほうはクリスマス(降誕祭)という形で記念されており、その日付、十二月二十五日というのは、実は古代ヨーロッパの冬至祭に由来するものだ(キリストの生年月日は不明である)。

ついでに言えば、新年の元日もまた冬至の日付がずれて生まれたものだから、日本人がクリスマスを祝った一週間後に正月を祝うのは、冬至祭をダブって祝っていることになる(クリスマスプレゼントを貰った上でお年玉を貰う日本の子供はだいぶスポイルされていると言うべきかもしれない)。クリスマスの飾りつけと正月の飾りつけは、なんとなく似ている。クリスマスツリーもお松飾りも、要するに常緑樹を生命の象徴に見立てたものである。

めでためでたの若松様というが、めでたさというのは、宗教的情念として普遍的なものだと思う。どの宗教でも祝祭はめでたい。神仏に願い事をするのはしんどい状況においてのことだが、願いがかなって奇跡が起こるのはめでたいことだ。信仰治療だろうが、開運祈願だろうが、悟りだろうが、救いだろうが、さらには死後の昇天だろうが、みな行きつく先はめでたさの世界である。

めでたさを願わない者はない。病気の治癒のような奇跡信仰も、盆や正月やクリスマスや復活祭のめでたさも、帰するところは一緒であるのかもしれない。いずれも生命力の信仰なのだ。

5

——第5章　宗教の仕掛け①

戒律

本書では、文化として人々に共有される宗教的知識・習慣を「薄い」宗教、篤い信仰や奇跡の祈願のような宗教の営みを「濃い」宗教と呼ぶことにしたのであった。現実の宗教は、薄いのであれ、濃いのであれ、戒律と儀礼という仕掛けによって、その輪郭を保っている。

たとえば仏教のお坊さんは、本来ならばお酒を飲んではいけない。イスラム教徒は豚肉を食べない。そういうのが戒律である。酒を飲まず、酩酊しないことで、しゃっきりとした悟りを目指す。豚肉を食べないことに合理的理由はなさそうだが、ともあれイスラム教徒としての自覚をもたらす役は果たしている。

キリスト教では、開祖キリストのことを思い起こすために、毎日曜日に教会でミサ（聖餐式）を挙げる。日本の神社には年中行事としての祭礼があり、神事のあとで氏子が神輿《みこし》をかついで町内を練り歩いたりする。そういうのが儀礼である。みなで集まって歌ったり祈ったり定型動作を繰り返して、キリストの教えに身体ごと浸る、あるいは氏子としての結束を高めるのである。

戒律も儀礼も、主に身体の動作やライフスタイルといったものにかかわる。それは一種の習慣的トレーニングである。たとえて言えば毎朝行なうラジオ体操のようなもの。そういう習慣がなければ、薄いのであれ、濃いのであれ、宗教は人々の間に根付かないだろう。

実際、身体を屈伸させせながら神に祈るイスラムの礼拝などは、ラジオ体操に似ていなくもないではないか。ラジオ体操というのは、欧米で始まりながらも日本で国民的行事と化した健康運動だ。サンパウロのリベルダージ広場には「ラヂオ・タイッソ」の碑が建っている。こんな世俗的行事も、異民族社会においてはほとんどエスニックな象徴的行事の地位を獲得する。半ば宗教行事に昇格していると言えるかもしれない。

仏教と戒律

ここでは「戒律」という言葉に、宗教的な行動規範をすべて含めることにするが、その実態はさまざまだ。修行者が修行のために守る規則もある。一般信徒が日常生活の中で守る規則もある。通例、修行者用の規則のほうが複雑であり、厳しい。

仏教は本来、悟りたい人のための修行道場として出発したものだ。修行の空間を保護するべく張ったバリアが、二百を超える戒律である。古代インドの仏教教団の戒律システムは、今日、スリランカやタイなどの仏教（上座部仏教、テーラワーダ仏教）に概ね保存されている。

これについては次の項で見ることにする。

現代の日本仏教のお坊さんは、あまり戒律を守らない。これは歴史的にそうなってきたものだ。そもそも日本に伝わった大乗仏教は、仏教の改革バージョンとして登場したものであり、僧院修行の価値を相対化したから、戒律の曖昧化の種をもっていた。鳩摩羅什《くまらじゅう》（クマーラジーヴァ）という西域出身の有名な僧は、占領軍の捕虜になって妻をもつことを強制された。彼は「破戒僧」になったわけだが、その自覚をもちつつ、仏典の漢訳を行なった。今日東アジア一帯で用いられている法華経（妙法蓮華経《みょうほうれんげきょう》）は、彼の翻訳本である。

中国に伝わった仏教は、インドとの環境の違いに適応しなければならなかった。インドでは修行者は無条件に敬われるが、中国には家庭を棄てた人間を敬う習慣がない。インド風の僧院生活は、結局、中国には根付かなかった。そのかわり中国では、阿弥陀仏の救いを求める浄土信仰と、もっぱら座禅に励む禅宗が発達した。浄土信仰は民間に普及した。禅寺では厳しい規則を守るが、すでにインドのやり方とは違っている。

日本はと見ると、高野山を開いた空海には、冬場は寒いからといって、修行者たちに酒を飲むことを許したという伝承がある（これ自体は後世の坊様たちの願望を投影した伝説だそうである）。一三世紀に活動した親鸞が奥さんをもっていることは有名だ。ここまでくると、仏教は戒律主義からすっかり信仰主義に姿を変えている。阿弥陀仏の信仰がすべてに優先されるのである。

明治以降、僧侶が肉食妻帯するのはふつうのこととなった。今日も、座禅や荒行などの厳しい修行は続けられているが、一般的に言って、日本の僧侶は戒律を守ることよりも、仏の救いにすがることのほうを仏道であると考えている。

これは「堕落」というよりも、宗教のシステムが変容したということである。カトリックの神父は妻帯しないが、プロテスタントの牧師は妻帯OKだ。神道の神主もヒンドゥー教のバラモンもユダヤ教のラビもイスラム教のウラマーも妻帯する。これを堕落と呼ぶ人はいない。システムが違うのである。たいていの宗教には禁欲的な側面があるが、それが修行者や聖職者の妻帯禁止の形をとるかどうかは歴史的な偶然としか言いようがない。宗教ごとの「お約束」である。

ついでに言えば、イスラム教では酒はご法度だが、キリスト教の神父も牧師も酒をたしなむ。神社では……日本の神々はお酒が好きであるのか、神社にはよく大きな酒樽が何段にもなって奉納されている！　まったく宗教ごとに教えも習慣もさまざまなのだ。

タイ仏教の場合

前項で述べたように、東南アジアなどのテーラワーダ仏教においては、修行者（出家者）

は二百を超える戒律を守って暮らす。では、この戒律三昧《ざんまい》の生活というのはどういうものなのだろうか。

タイ仏教の例を見てみよう。タイでは一般信徒と出家者の間に一種の分業がある。出家者は戒律を守り、その禁欲的な姿のうちに「悟り」を体現する。一般信徒はそうした修行者を尊崇し、経済的に支える。具体的には、坊様たちは托鉢によって暮らす。さらに俗界からの寄付もあるから、お寺の経営が成り立っているのである。

「働かざる者食うべからず」の経済の論理からすれば、働かずに托鉢で食べている坊様を尊敬するのは奇妙なことに思えるかもしれない。しかし坊様は戒律を守っている。つまり戒律自体が坊様の仕事である。セックスをしない、酒を飲まない、金銭に触れないなど、たくさんの戒律で身を清浄に保っているから、坊様はさまざまな利害関係からフリーな、倫理的なモデルとなり得ている。一般信徒はこの坊様が放つ倫理的オーラに対する代価として、彼らを経済的に援助しているという言い方もできるだろう。

タイの男性の多くは、生涯に一度、僧になる。会社から有給休暇（!）を取って、数か月間の戒律生活を送る。托鉢をして歩き、瞑想を練習する。女性に触れない、午後はご飯を食べないなどの戒律を守って暮らす。

日本の感覚では、一時的な修行者は「見習い小僧」ということになるが、タイのロジックでは、戒律を守っている限り、完全な僧である。

文化人類学者の青木保は、一九七〇年代にタイの僧院で僧侶として生活した。受戒する前は、厳しい規律に耐えられるだろうかと戦々恐々であったという。しかし、実際に頭を剃って僧の生活を始めてみると、これが日本式にびしびしやるしごきのようなものではないことがわかった。厳格であるにはあるが、のんびりとしているのである。

「悠揚せまらぬゆるやかな厳しさ」と彼は表現している（『タイの僧院にて』中公文庫）。「熱帯の空の下、万事が性急にならず、感情を荒立てることもなく、悠久に過ぎてゆく」――そんな世界なのだ。日本式の厳しさとタイ式の厳しさの違いは、ビシッと決まった姿勢を保つ日本式の禅と、背筋を伸ばさなくてもとがめられることのない、かなり上体が自由であるタイ式の瞑想の違いのようなものだ、ともいう。

戒律（パーティモッカ）の数は二二七個である。これは比丘《びく》すなわち男性修行者用の戒律である。比丘尼《びくに》すなわち女性修行者の僧院は古い時代に絶えてしまったので、今日の東南アジアの伝統的教団には女性修行者はいない。

戒律の構造とその詳しい内容は、青木の著書、『タイの僧院にて』に書いてある。インターネットで戒律の英訳を入手することもできる（"Patimokkha"で検索されたい）。基本をなしているのは不淫戒《ふいんかい》（性的な行動をしない）、不偸盗戒《ふちゅうとうかい》（盗まない）、不殺生戒《ふせっしょうかい》（生あるものを殺さない）、不妄語戒《ふもうご》（「私は究極の悟りを得た」などと妄語しない）である。これから始まって種々の細目が展開する。

たとえば、性に対する戒めも、さまざまな具体的な禁忌を派生させている。異性、同性、動物と淫欲をなすと、僧院から追い出される。修行者が女性と二人だけで部屋の中にいるのを俗人に指摘されたら、それがどの程度の問題行動であったのかを具体的に調査し、相応の懲罰を与える。などなどである。

その他、所有に関するもの、食事に関するものなど、多数の細目が並ぶ。余分な僧衣を十日以上手元に置いていてはいけない。正午から翌日の夜明けまで食べ物を食べてはいけない。大声で笑ってはいけない。他の修行者をくすぐってはいけない。衣をたくしあげてはいけない。エトセトラ、エトセトラ……。

二百以上もある規則を覚えるには、時間がかかりそうだ。失敗を重ねて慣れていくしかない。青木は、立って小便してはいけないという戒律を知らなかったから、勢いよくじゃあじゃあやって、音を聞きつけた先輩僧から叱られたそうである。

こういう規律を守るのは大変といえば大変なのだが、職業訓練みたいなもので、結局は慣れてしまうものらしい。もっとも食事の規定などは、食べる量が減るので、けっこうしんどいようだ。ダイエットの場合と同様である。貧しい食べ物でもまことにおいしくいただけるようになる、というのがメリットである。

さきほど私は、出家者は倫理的なモデルであり、一般信徒はその倫理的オーラに対して代価を払うと書いたが、もっと俗なたとえを使えば、出家者は舞台に立ったスターのようなものだ。スターはある役柄を演じる。行動には制約がある。勝手な振る舞いは許されない。しかしその姿がかっこいい。そこに観客は惚れる。

実際、青木は、僧侶であるというのは「一種、舞台に立っているような高揚した気分」の中で暮らすことだ、と書いている。タイの僧侶は無条件に尊敬される。しかも、僧院は密室空間というには程遠く、僧はいわば衆人環視の中で、プライバシーのない暮らしを送る。そういう意味で、タイの僧侶の暮らしは、ステージ上のスターのあり方に近いというのである。そしてそれはある種の「快感」を伴うライフスタイルである、ともいう。

ちなみに、日本にも、タイ仏教の戒律に相当する戒律は、ちゃんとある。日本仏教の属する大乗仏教で用いている戒律集のうち、「四分律《しぶんりつ》」と呼ばれるものの翻訳本を繙《ひもと》いてみたら、概ねタイ仏教の戒律と並行する内容であった。鑑真《がんじん》が苦労に苦労を重ねて日本にやってきて開いた唐招提寺の律宗というのは、この四分律を基本とする宗派である。

手段なのか目的なのか？

仏教の戒律はいちおう「悟り」という目的のための手段である。悟りは煩悩が絶えた状態である。煩悩の火がすっかり消えることを「涅槃《ねはん》（ニルヴァーナ）」という。究極の状態にまで行って、完全なる覚者——ブッダ——になったのは、テーラワーダ仏教の解釈では、釈迦その人しかいない。釈迦以外の人間はブッダにはなれないのだが、とにかく修行者は、できるだけ煩悩のない境地に達することを目指す。

この目標を実現するために、修行者は、欲望をかきたてるような行為を一切慎むのである。たくさんある戒律は、集団生活を律するための便宜の部分を除けば、すべて煩悩抑制という目標実現の手段として成立したものである。

しかし戒律は、一面においては、目的そのものでもある。ブッダのような完璧なる悟りに至ることができないのであれば、修行者は常に戒律によって身を制した状態を保ち続けるしかない。ということは、戒律生活というライフスタイルそのものが、修行者としての「悟り」の姿であるとも言える。つまり戒律は目的であって手段ではない。

それは、舞台上で何かの役を演じ続けること自体が俳優業の目的であるというのと同じである。医者の役を演じることで医者そのものになろうとしているのではない。医者の役を演じることが医者役の俳優の究極目標である。

もし戒律を手段と割り切るならば、状況によっては戒律を変更したり廃止したりしてもいいということになるだろう。寒い日本の山で修行するには酒も必要だと解釈して、不飲酒戒《ふおんじゅかい》をちょっと修正する。セックスの禁忌がかえってセックスの妄想を生むのは不健全だと解釈して、不淫戒を緩やかにする。

しかし、戒律のライフスタイルそのものが目標なのだと解釈するならば、状況が何であれ、戒律は変更しないほうがいい。変更を重ねていくと戒律生活がぐちゃぐちゃになる。示しがつかなくなる。舞台の演劇でも、役者が定型のパターンを破って、時事的な話題などを盛り込んで臨機応変に演じてしまうと、その場の観客には受けるかもしれないが、録画して後で見ると、何をやっているのかわからなくなってしまう。

タイの戒律も、古代インドそのままというわけではないらしい。やはり時代による変更はある。それでも、基本的には保守的である。日本的には戒律は手段だが、タイ的には戒律は目的そのものに限りなく近いのだ。

一般信徒の戒律

仏教は出家と在家の二段構えの構造をもっている。キリスト教では、この出家に相当するのは修道院に暮らす修道士・修道女である。彼らもまた厳しい戒律で身を律して暮らしている。在家に相当するのは、一般のクリスチャンだ。彼らは日曜にミサ（聖餐式）に出席し、神父さんや牧師さんの言いつけを聞くが、日常生活においてそれほどキリスト教的な戒めを守って暮らしているわけではない（もちろん、聖書にあるように、殺さず、盗まず、偽証せず、父母を敬っているだろうが）。

イスラム教の場合は、基本的にすべての信者が「在家」である。聖職者も厳密には存在しない。クルアーン（コーラン）やイスラムの知識に詳しい学者（ウラマー）がいて、人々から相談を受けてはアドバイスする、そういう構造である。みなが在家だから戒律的には緩い。

ムスリム（イスラム教徒）が守るべき義務としては、すでに書いたように、（私はアッラーを信じるという）信仰告白、（日に五回の）礼拝、（貧者などへの）喜捨、（ラマダーン月の日中の）断食、（メッカへの）巡礼という五行《ごぎょう》なるものがある。このうちメッカ巡礼は体力と財力があれば、とのことであり、ムスリム全員の義務ではない。断食はみんなで行なうお祭りのようなものであり、夜には食べていいので、かえって太るくらいだという。いずれにせよ、預言者ムハンマドは、人間は疲れる存在だから、信仰に関しても無理をするなと言ったと伝承されている。一日五回の礼拝も、状況に応じて塩梅《あんばい》することが可能であるという。

なお、ここがややこしいのだが、イスラム社会では歴史的にイスラム法という法システムが整備されている。これはクルアーンや預言者ムハンマドの言行録をもとに法学的な推論を働かせて組み上げてきた一種の六法全書だ。民事から刑事にわたる「法律」的なものから、「道徳」や「儀礼」に類するものまで広がっている。今日のイスラム諸国では西洋由来の法体系を採用しているから、イスラム法はあくまでも民間での慣行に留まるが、それでも多くの信者がイスラム知識人に相談して、なるべくイスラム法に合わせた暮らしをしようとしている。

イスラム法の規定には、「義務」「推奨」「許容」「忌避」「禁止」の五段階がある。行なわなくてはならないこと、行なったほうがいいが行なわなくてもお咎めはないこと、行なってても行なわなくともいいこと、行なわないほうがいいが行なってもお咎めはないこと、行なってはいけないこと、の五段階評価である。たとえば、行なってはいけないものとしては、盗みや姦通がある。行なわなくてはならないこととしては礼拝や契約履行がある。貧者への施しは行なったほうがいいが、行なわなくても罰せられはしない。日本の六法なんかと同じで、原理は明快なのかもしれないが、具体的にはなかなかややこしい。法律というのはそういうものなのだろう。

ついでに言えば、最近日本でも耳にするようになった「ハラール食品」というのは、イスラム法的に合法であるような食品のことであり、たとえば牛肉などでもちゃんとアッラーの名によって屠《ほふ》られたものを食べるべきである。また、豚肉などは死肉と共に「禁止」である。

なぜ豚肉が駄目なのか、歴史的な理由はあるかもしれないが（不衛生であったなど）、今日において合理的（科学的）に説明をつけるのは難しいだろう。ただ、最初から豚肉を食べる習慣のない大多数のムスリムにとって、豚肉を食べないというのは、べつに無理矢理我慢するようなことではない。日本人だって、たいていの人は、今口にしたものがヘビ肉だと知ったら吐き出してしまうだろう。習慣のなせるワザだ。不合理といえば不合理だが、誰も気にしない。

意味不明の戒律も

世界中の宗教家や信者たちが実践している宗教的行動規範を見てみると、てんでんばらばらである。盗みはいけない、怒りを制しよう、両親を敬おうといったレベルでは共通項が多いが、セックスの規範も、飲酒の戒めも、食事の内容の規定も、みな、大いに異なる。積極的に戦争のススメを説くものはないとしても、戦いをどの程度忌避すべきかは、伝統によって、時代によってさまざまだ。

中にはまったく意味不明の戒律もある。第2章でも触れたが、ユダヤ教徒の中には、シャアトネズなるものを避けようと一生懸命になっている人がいる。シャアトネズとは羊毛と亜麻の混紡のことで、この混紡でつくられた衣類を着ることは——どういう理由によるものかわからないが――旧約聖書の申命記の中で禁じられている。

一般に戒律が問題になるのは、時代の現実に合わなくなってしまい、どう対処したらいいのか迷うときである。混紡禁止は昔から意味不明の戒律であったが、一昔前の農村社会においてこれを守るのは別に難しいことではなかっただろう。衣類をすべて手作りしていたからである。しかし、繊維製品のほとんどが工場生産である今日、羊毛と亜麻の混紡禁止規定を厳格に守るのは、かなり面倒だ。品質表示は当てにならない。糸をほぐして顕微鏡で検査しなければ、本当に混紡でないのかどうかはわからない。こうなってくると、この戒律の「不合理性」を問題とせざるを得ない。

現代社会の原理に対するオルタナティブとして

宗教的戒律は、宗教の輪郭を守るために欠かせない要素のひとつだが、その意義はそれに尽きるものではない。これについてちょっと考えてみよう。

人間の社会はさまざまな約束事の集積として成り立っているが、そのすべてが合理的なものとは言えない。理由のない習慣というのはいくらでもある。

なぜ日本人は挨拶するとき頭を下げて、欧米人は手を差し出すのか、これに合理的理由なんかない。これを妙に合理化すると、かえっておかしなことになる。頭を下げるのは卑屈だが、手を差し出すのは平等だなどという勝手な論法がまかりとおるようになるのである。

社会的習慣は多かれ少なかれ不合理なものだと、いったんは割り切ったほうがいい。ムスリムの女性がチャドルをしたがるのは「不合理」であるが、欧米の女性がハイヒールを履きたがるのもやはり「不合理」だ。チャドルをしない女性を責め立てるのは人権上問題があるかもしれないが、欧米社会においてだって、社会的に相応とされる服装をしないと、やはりペナルティを課される。私たちが忘れがちなのは、自分たち自身の社会的慣行のもつ不合理性である。

この点、宗教的戒律にはひとつだけいい点がある。それは神仏が命じた慣行だという伝承によって、それが「不合理」であることが明示されている点である。合理的理由がないからこそ、神仏の命令としか言いようがないのだろう。

もちろん、不合理で屈辱的で不衛生で危険でさえあるような慣習をすべて良しとせよ、と言いたいのではない。宗教的慣行も含めて、あまりに矛盾した慣習はやはり是正へと向けて鋭意努力すべきだろう。ヒンドゥー教にはマヌ法典という古典的な宗教的法典によって正当化された身分制度（いわゆるカースト制）なるものがあったが、近現代ではこれは不合理かつ、とくにヒンドゥーの本質と関係のないものとして解体されることになった。こういう努力は必要である。

宗教的戒律は、一般的に言って、人間の際限のない欲望を制するような方向性をもっている。盗むな、酒を飲むな、セックスを控えよ、断食せよ、金銭に触れるな、利子を取るな（イスラムでは利子は禁止されている）といった種々の抑制的な禁忌は、欲望を駆り立てることでむしろ社会を活性化しようとしている現代社会の原理とは、反対向きのベクトルをもっている。

現代社会の「もっと多く！」「もっと大きく！」「もっと豊かに！」「もっと心地よく！」という原理が全体として自然を蝕《むしば》み、地球温暖化の遠因となり、また社会の格差を広げる結果を生んでいるのであれば、宗教の提示する「もっと慎め！」の原理が何らかの善き働きをもつと想像することは可能だ。実際、合理主義的な今日の社会において、なお宗教的戒律に服そうとする人々が続々と現われていることの背景には、こうした思想もあるのではないだろうか。

神はあるかとか、悟りとは何かというのは、宗教の世界においては、ごく部分的な話題でしかない。ほとんどの人にとっては、宗教とは生活習慣の一種なのである。戒律は生活習慣をスリムにするための有効なメニューなのだと言えるかもしれない。

第6章　宗教の仕掛け②

儀礼

定まった所作

儀礼は宗教に付きものである。「神」や「仏」の信仰は、頭で考えるものであるばかりでなく、心で感じるものでもあり、さらには身体的パフォーマンスを通じて表現したり感得したりするものでもある。宗教によっては、この身体性が極めて重要だ。キリスト教のプロテスタンティズムのように、儀礼をあまり重視しない宗教もあるが、神道のように、教えがはっきりしない一方で、事あるごとに神主さんが御幣《ごへい》をふりふり神に祓い給い清め給うよう願う、儀礼中心の宗教もある。

儀礼にはどのようなものがあるか。

たとえば神仏への祈りの所作がある。神社に行ったら、神社の正面、賽銭箱の前で、紐を引っ張り、ガラガラと鈴を鳴らす。最敬礼をして手を伸ばし、パンパンと拍手し、また最敬礼する。

しかしこの動作をお寺の中で、あるいは仏像の前で行なう人はいない。仏像の前ではパンパンではなく、両手を鼻のあたりで合わせて、伏し目にして念仏（「南無阿弥陀仏」）などを唱える。日蓮宗ならば元気よく「南無妙法蓮華経」と唱える（唱題という）。宗派によって他にもいろいろな唱え方がある。いずれにせよ、パンパンではない。

クリスチャンはもちろん、十字架の前でパンパンともやらず、数珠を擦り合わせたりもしない。こちらでは両手の指をからませた形で祈ることが多い。立ったり坐ったりいろいろあるようだが、跪《ひざまず》いて祈るのは、仏教や神道にはないやり方だ。

イスラム教徒はどうか。イスラム教徒はメッカに向かって日に五回礼拝する。この礼拝をサラートという。夜明け前、昼、午後、日没直後、夜の五回行なう。夜明け前からやるというのだから、なかなか大変そうだが、健康によいことはまちがいない。

サラートの作法は日本人にはなじみがないので、ちょっと詳しく紹介しておこう。

まず、身を浄めてメッカの方を向いて立ち、礼拝することを表明する。次に、両手を耳の高さに挙げて「アッラーフ・アクバル（神は偉大なり）」と唱える。それから両手を組んでクルアーン（コーラン）の文句を唱え、腰を曲げてまたしかるべき文句を唱える。さらに、直立し、頭を床につけて伏し拝み、正座し、また平伏し、坐って特定の所作を行なう。そしてこれらの所作のいちいちにおいてしかるべき文句を唱える。最後に、首を左右に回して、人々の平安を祈り、また神の慈悲あることを願う。

唱える文句は、「主よ、あなたに称賛あれ」とか「栄光あれ」とか「我を許したまえ」などだ。

細かな所作が決まっているところがミソである。ちょうどキリスト教の祈りとして「天にまします我らの父よ、願わくは御名《みな》の尊まれんことを……」云々という文言が定まっているように(ただし教派によって訳文はさまざまである)、イスラムの祈りにおいては、動作が定まっているのである。これは、茶の湯において茶碗の回し方やお茶の点て方が細かく決まっているのに似ているとも言えるかもしれない。

舞踊や演劇に近い

儀礼は形の決まった動作である。祈りの場合、その所作は人間どうしの挨拶の形に近い。神仏を昔の社会の王様やお代官様に見立てれば、頭を下げたり土下座のような振る舞いをしたりするのは、自然であるとも言える。とはいえ、どのような仕草をするのかということ自体は伝統の定めた約束事であって、論理的にも心理的にも完全に説明のつくものではないだろう。古代のクリスチャンは教会正面に向かって突っ立って、手を広げて祈ったそうだ。

所作が定まっているからこそ儀礼なのであって、神仏を前に毎回好き勝手な姿勢で祈ったとしても、ふつうそれは儀礼とは呼ばない。アナトール・フランスの短編に、サーカスの軽業師が自分にはこれしか捧げるものがないといって、逆立ちして祈るというのがあるが、みながこれを真似するわけにはいかないだろう。

定型的な振る舞いの中には、言語的なものも含まれる。短いものでは「南無阿弥陀仏」や「南無妙法蓮華経」、長くなると、お経をまるまる一編唱える。言葉は半ば呪文と化しているから、モニョモニョと何を言っているのかわからないことも多い。古代や異国の言葉の場合には、最初から何が何だかわからない。古代中国語をそのまま棒読みする読経がそうであるし、キリスト教の祈りだって、昔は威厳をつけて古代語であるラテン語で唱えたりしたから、一般信徒にはちんぷんかんぷんであった。

儀礼には演劇的な起承転結のあるものもあるが、単純な反復ばかりで成り立っているものもある。たとえば、一九六〇年代、ベトナム反戦運動が盛んだったころにヒッピーたちの間ではやった、ハレークリシュナ（クリシュナ意識国際協会）というヒンドゥー系の新宗教の場合、「ハレー・クリシュナ、ハレー・クリシュナ、クリシュナ・クリシュナ、ハレー・ハレー……、ハレー・ラーマ、ハレー・ラーマ、ラーマ・ラーマ、ハレー・ハレー……」というフレーズを延々と繰り返す。楽器を鳴らしながら世界各地の都市の路上でこれをやっているのがYouTubeで見られるが、メロディはいろいろあるようだ。ヒッピーを描いた舞台『ヘアー』の一九七九年の映画バージョンの一シーンでもこれが使われている。また、ジョージ・ハリスンの「マイ・スウィート・ロード」（一九七〇年）のコーラス部分にもこのフレーズがある。

信者の論理によれば、これは高次元の意識の扉を開くバイブレーションなのだそうだ。そのような言葉をヒンドゥー教でも仏教でも「真言（マントラ）」という。

祈りやマントラが歌に似ているように、儀礼は舞踊にも演劇にも似ている。天照大神が天岩戸に閉じこもったとき、アメノウズメが伏せた桶の上で元祖ストリップダンスのようなものを踊ったとされる。神楽《かぐら》の始まりである。ギリシア悲劇は起源からいうと神々への奉納のお芝居であった。宗教的な儀礼と世俗の演劇との間には深い縁がある。

演劇が思想の表現、感情の表出、参加者の連帯の促進といった複合的な働きをもつように、宗教の儀礼も、神仏への信従という思想を表わし、救いを求める情念に道をつけ、信仰仲間や村落共同体の仲間意識を強める。宗教の儀礼が世俗の演劇と違うところは、それが斬新なストーリーや演出を競うものでも、脚本家個人の思想やビジョンを観客に伝えるものでもないことだ。あくまで主人公は神仏あるいは「伝統」なのである。それゆえまた、ほとんどの場合、形が固定されているのだ。

通過儀礼――ユダヤ教を例にとって

「通過儀礼」という言葉をご存じだろうと思う。これは誕生、成人、結婚、死などの人生の節目に行なう儀礼のことだ。そうした節目を通過するというイメージでこのように呼んだものである。

儀礼を熱心に行なうことで有名なのは、ユダヤ教徒である。彼らを例にとって誕生、成人、結婚、死の通過儀礼の実例を一通り見てみることにしよう。吉見崇一の著書『ユダヤの祭りと通過儀礼』(リトン)はユダヤ教の各種の儀礼を詳しく紹介しているが、これを参考にさせていただく。

◎割　礼

まず誕生であるが、誕生そのものにはとりわけ儀礼はない。しかし、男児の場合、生後八日目にブリット・ミラという儀礼を行なう。いわゆる割礼である。性器の包皮の一部を切除する簡便な「手術」および付随する祝賀の儀礼より成る。割礼は中近東で古代から行なわれている慣行だ。今日のイスラム圏を含めてたいていは思春期頃に行なうものらしいが、なぜかユダヤ人は古代に生後八日目と定めてしまった。神話によれば、神がそれを定めたのである(創世記一七章)。

割礼の儀礼はシナゴーグ(ユダヤ教徒の集会所)か家庭(あるいは病院)で行なわれる。親戚が集まり、専門家が専門の道具を用いて施術する。赤ん坊をしっかりと押さえる役の男性もいる。

割礼を受けた男児が長子の場合は、生後三十一日目にさらに「贖い《あがな》」の儀礼を行なう。「贖う」とは「買う」ということで、その子供は神に捧げられたものだと解釈して、それをお金で買い戻す、という意味合いの儀式を行なうのである。

◎バル・ミツバ

次に成人式であるが、十三歳になった男児はバル・ミツバ（戒律の男児）という名の儀礼を行なう。十三歳といえば日本では中学生であり、まだ「子供」のうちであるが、少なくとも昔のユダヤ社会では、十三歳をもって一人前の大人の男子となるのであった。大人たる者はユダヤ教の戒律に責任をもって従う。それで成人式を「戒律の男児」と呼ぶのである。日本で言えば武家社会の元服に相当するだろう。

バル・ミツバはシナゴーグで行なう。ユダヤ暦で数えて十三歳になったなら、そのあとの最初の集会の際に、壇に上がって律法（トーラー）のその日に指定された箇所を読む。

式が終わると、少年の成人を祝して家族が祝い事を行なう。

割礼が男児だけのものであるように、成人式ももともと少年にしか行なわないのが普通であったが、近年では女子の成人式（十二歳）――バト・ミツバ（戒律の女児）――も行なわれるようになってきた。

◎婚　姻

次が結婚式である。シナゴーグでも行なうし、ホテルなどでも、屋外でも行なう。ラビ（ユダヤ教の教師）が立ち会い、臨席者の中には十人の成人男性が含まれる。

儀礼は婚約に関する部分と婚姻に関する部分の二部から成る。婚約の儀礼においては、持参金などをめぐる誓約を行なう。結婚式の本体は、フッパー（覆い）と呼ばれる一・五〜二メートル四方の布の天蓋（四方の柱を四人の男性が支える）の下で行なわれる。ラビが頌栄《しょうえい》を唱え、ワインの杯を祝福する。花婿と花嫁が杯のワインをいただく（日本で言えば三三九度のようなものだ）。花婿が花嫁の指に指輪をはめ、結婚が成立する。

最後にグラスを花婿が踏み砕く。映画『屋根の上のバイオリン弾き』（一九七一年の映画――日本の舞台版では森繁久彌が当たり役となった親爺のテビエはトポルという俳優がやっている）を見ると、やはりこのグラスの踏み砕きが結婚式の山場となっている。このあとは祝宴である。

◎葬　式

人が死ぬと即日あるいは翌日に埋葬される（安息日などは避けられる）。遺体は湯灌《ゆかん》され、日本で言えば「経帷子《きょうかたびら》」に当たる包みで体を巻かれる。遺族は悲しみの象徴的表現として上着の襟の一部を破るという。これは聖書にある故事に基づくものだ。そして一同棺桶とともに墓地に行く。棺桶の埋葬の際に、遺族が頌栄歌――カディッシュ――を歌う。ビート詩人として有名なユダヤ人のアレン・ギンズバーグに「カディッシュ」という有名な詩があるが、それは精神の病に追い込まれて亡くなった母ナオミを悼《いた》んで詠んだ詩だ。

埋葬後、遺族は三十日間の喪に服す。最初の一週間は仕事もせず、家を離れず、入浴もしない。

さまざまな儀礼

以上、ユダヤ教の通過儀礼を詳しく見てみた。その具体的な式次第は、ユダヤ民族の伝統の蓄積によるものであって、もちろんユダヤ人にしか用のないものである。しかし、誕生の周辺、思春期・青年期の周辺、結婚や就職の周辺、そして老年ないし死の周辺という概ね四つのサイクルにおいて何らかの儀礼を行なうのは、多くの民族に共通する、普遍的なパターンといっていい（なお、老年をめぐる儀礼はユダヤ教にはないが、日本には還暦という重要な儀礼がある――今日これを実践している日本人はあまりいないかもしれないが――。これは数えで六十一になったら赤子に還ったと見なして、赤いちゃんちゃんこを着るのである)。

なお、通過儀礼と並んで有名な宗教学用語として、イニシエーション(加入儀礼)というのがある。これは何らかの集団に入るための儀礼を意味する。アフリカなどの部族社会には、一定年齢の少年たちを特別な「男子結社」に入れて、秘儀を施し、特別な自覚をもたせるという習慣をもつものがある。特殊な集団に隔離されるのだから「加入儀礼」であるが、一種の成人式であるから、通過儀礼と見ることもできる。

キリスト教徒になるための儀礼である洗礼式などは、まさしくキリスト教会という集団に加入するためのイニシエーションである。これはバプテスマともいい、何らかの形で加入者に水をふりかける。プロテスタントの一部では、教会の壇上にしつらえた水槽に、牧師に抱きかかえられた加入者がざんぶと入り込むという派手なやり方をとっているが、たいていはもっと簡単で象徴的な方法で行なう。頭にちょろっと水を垂らす程度だ。

儀礼のもつ意味合い

なぜ儀礼を行なうのかに答えるのは、なぜ人間が歌を歌い、踊りを踊るのかに答えるのと同じくらい難しい。昔から続く儀礼の習慣には、さまざまな意味合いが複合的に含まれているにちがいない。

キリスト教会では、日曜日ごとにミサ（聖餐式）と呼ばれる儀礼を行なう。これはキリストが十二弟子とともに食事をしたという新約聖書の故事に由来するものだ。レオナルド・ダ・ヴィンチの「最後の晩餐」に描かれた、あの場面である。晩餐のあと、キリストは、パンとワインを自らの犠牲の肉と血と思うようにと弟子たちに告げる。キリストは官憲に売られて裁判にかけられ、冒瀆罪と反逆罪で死刑となり、十字架上に死ぬ。

ミサの儀礼によってパンとワインはキリストの肉と血に変わり、犠牲となったキリストのことを信者たちは思い起こす。これは太古において、神に羊などの犠牲獣を捧げたというユダヤ教的伝統を踏まえたものであり、イメージとしてはなかなかワイルドである。神様の血と肉を食べるというのだから。

この儀礼が具体的にどのような働きをもつのかは何ともつきとめがたい。これはキリスト自身が定めた儀礼であると伝承されているので、それ自体が神聖である。そういう意味では、この儀礼は儀礼自体が自己目的化していると言えるだろう。

非信者としてはこれはとりあえず、キリスト教にとっての重大な事件を記憶するもの、「記念」の行為あるいは「象徴」の行為というふうに理解しておくのがいいかもしれない。

他方、これがキリスト教の教理を身につけさせるための教育の機能を果たしていることも確かだ。毎日曜日ミサに与《あずか》ることで、信者はキリスト教の世界観を我が身に沁み込ませていく。そういう意味では、これは「学習」あるいは「修行」の行為だと言える。

さらに、この行為はパンとワインを何らかの特別な存在に変え、それにより、信者は新たな生命力のようなものを獲得するというふうに見ることもできる。その限りでは、ここにはマジカルな要素、「呪術」的な要素があると考えることができる。

何かを象徴するために儀礼を行なうのか、何かを身につけるために儀礼を行なうのか、何かの呪術的効果を狙って儀礼を行なうのか、儀礼により、教団の解釈により、個人の受け取り方によりさまざまである。儀礼とはまったく複合的で多義的な出来事なのだ。

しばしば儀礼の意味合いは当事者たちにも不明となっている。ユダヤ教の儀礼でも神道の儀礼でも、特定の所作が何に由来するものであるのかはよくわからない。「ご先祖様の時代からこうやっている」と言うしかない。その場合でも、その儀礼を行なうことで、ユダヤ教徒であるとか、神社の氏子であるというアイデンティティは確認される。儀礼の一番の機能は、アイデンティティの表明あるいは確認だという見方もある。ミサを受けることで、信者は「クリスチャンとしての自分」を再確認するのである。

遷宮——行事それ自体が目的？

オリンピックは参加することに意義があるそうだが、儀礼もまたそのようなものだ。儀礼を儀礼として行なうこと自体が、ひとつの共同体を運営するための社会的営みである。

たとえば、伊勢神宮の式年遷宮について考えてみよう。これは二十年に一度、たいへんな金と労力を費やして、内宮《ないくう》と外宮《げくう》というふたつの神殿群に属するたくさんのお社《やしろ》をすっかり新築してしまうという行事だ。これはもちろん、掘立柱に檜皮葺《ひわだぶき》という原始的な建築物が恒久性をもたないということから、純粋に建築的理由により行なっている習慣であるが、しかし、法隆寺のように千年以上前の建物が残っている例もあるのだから、最初から恒久的な建物を建てることだってできたはずである。

なぜ伊勢神宮には式年遷宮という面倒くさい儀礼があるのか。その理由は結局のところ不明である。ただ、二十年に一度遷宮して、さっぱりと清らかな姿に生まれ変わるのが、伊勢神宮の本質的な属性となっていることは間違いない。この生まれ変わりは、建物のみならず、さまざまな宝物の類に及ぶ。建築であれ工芸であれ、職人の技術を要するものであり、二十年ごとの遷宮は貴重な技術の継承に役立っている。

生命体がなぜ世代交代をして生命を存続させるのかを問うてもしょうがない。存続するのが自己目的化しているのが、生命というものである。伊勢神宮もまた、そうした生命体に似ている。この日本文明史の象徴的存在は、式年遷宮の儀礼的手続きを通じて、自らのコピーを永遠に反復するのを自己目的化している。

祭り

なお、宗教的行事は、参加者が厳粛なる面持ちで参加する重々しい儀式の部分のあとに、みなが楽しく盛り上がる祝宴や祝祭の部分が続くことが多い。ユダヤ教の割礼式でも成人式でも結婚式でもそうであった。日本各地で行なわれているお祭りの場合も、まず神社本殿で神主が祝詞《のりと》をあげるなど、厳粛なる行事をこなしたのちに、神輿や山車《だし》を繰り出して町内をにぎにぎしく練り歩くものである。そして縁日の露店が軒を並べ、境内ではマジックショーだの演歌ショーだのフラダンスだのが行なわれる。

こうした祝祭の中でも有名なのは、カトリック諸国で行なうカーニバル（カルナバル）だ。これはキリスト教の神聖な行事である復活祭に関連づけて行なわれるものだが、本来は異教の儀礼である（古代ローマの農耕神の祭りサトゥルナリアに起源するものらしい）。

復活祭の前の一定期間に、肉食を断って懺悔する習慣がある。中世の民衆は、この厳粛なる時を迎える前に、飲み食いして馬鹿騒ぎをした。それがカーニバルだ。中世にはいたって猥雑でエネルギッシュなものだったらしい。近代になってからはおとなしくなったが、カーニバルの種々の催し物からさまざまな道化芝居やサーカスや仮装行列などの芸能が分化していった。

儀礼はきまじめに形式的所作をこなすのが普通であるが、祝祭となるとそうした厳粛さはない。きまじめさと猥雑さ、静と動の両方が人間生活の相なのであるから、儀礼があって祝祭があって、というのは生理的には極めて理にかなったことである。

ついでに言えば、祝祭の場においては、ふだんの身分秩序などを壊してしまうことがまま行なわれる。これは救済宗教の平等思想の表われと解釈することも可能である。無礼講が許されるのも、「人類はみな兄弟」的な理想が潜在的に世にゆきわたっているからだと考えられるだろう。

第7章

宗教の多様性と現代社会

7

宗教を構成するもの

これまでの章で、信仰、戒律、儀礼、と宗教の代表的な諸相を眺めてきた。ここで改めて宗教を構成している要素を整理してみよう。

◎神仏と救い

まず、たいていの宗教には、神、仏、霊のような、目に見えない、日常的体験を超えた存在についての概念がある。我々が知っている俗なる世界に一枚重なるようにして、神仏や霊の世界が広がっているという感じである。そうした存在が具体的に何であるかは、伝統ごとに、神話ごとに、教理ごとに異なっている。たとえばイスラム教は、唯一神（アッラー）が常に世界をみそなわしていると考えているし、世界には霊波のようなものが満ちていると見る新宗教もある。

日常の世界を「俗」と呼ぶとすれば、神仏や霊の世界は「聖」だ。宗教の最大の特徴を、この聖俗二分法に見る人もいる。

神仏のリアリティをどう受け止めるかは、人それぞれだ。薄い場合もあるし、濃い場合もある。ほとんどの人にとっては薄いか、せいぜい中濃である。世界各地に広がっている文化としての宗教は、このレベルのものである。神仏の存在感を濃く受け止めている人は、信者あるいは回心者である。濃く受け止めたいと思って頑張っている人のことを求道者と呼んでもいい。

神仏は共同体を守護するという働きをもつこともあるし、もっぱら個人の救いや悟りにかかわることもある。神道などはムラや国家の安寧に奉仕せんとする傾向が強く、キリスト教などは共同体からドロップアウトした個人を救おうとする傾向が強い。しかし、たいていの宗教は、共同体の安寧と個人の救いの両方を重視している。神道の神様も人を救うし、キリスト教の神様も社会の守護神となる（たとえば保守派のアメリカ人にとって、神は常にアメリカ国家の味方だ）。人間存在には集団的な側面と個人的な側面とがあるのだから、宗教が両側面にお墨付きを与えようとするのは、当然といえば当然である。

◎戒律と儀礼

さて、たいていの宗教は、神仏や霊の観念だけで出来上がっているわけではない。そうした存在と交流するための仕掛けというものが歴史的に構築されている。たとえば戒律がある。これがあると日々の暮らしにメリハリができる。宗教的な志気も高まるというものだ。セックスをしないとか、酒を飲まないとか——戒律の具体的内容は伝統ごとに千差万別だが——何か決まりによって身を縛ることで、神仏との交流も倫理的にボルテージの高いものとなる。

また、宗教には儀礼が付きものだ。定型文句を唱えたり——たいてい節がついている——、定型動作を繰り返したりする、一種の舞踊か演劇のようなものである。どうやら神仏とは、人間どうしで話すときのような普通のコミュニケーションの中に姿を現わすものではなく、何らかの演劇的な演出のうちに感得されるものであるらしい。いずれにせよ、儀礼という動作を伴うことは、宗教が単なる概念や観念だけのものでないことを教えてくれる。人間は脳味噌だけの存在ではないのだから、神仏については「語る」だけでは足りないのである。

儀礼的パフォーマンスの最たるものが、奇跡を願うための祈りや呪文、つまり呪術（マジック）である。第4章で見たように、呪術の中でも重要なのは信仰治療だ。人間にとって最も切実なのは身体の健康であるが、人間世界をみそなわす神仏は、この領域においても手を抜くことはない。呪術信仰は馬鹿にされがちだが、実のところ、これは宗教の土台であり、多くの信者にとって、神仏なるものの重要な存在理由となっている。

◎組　織

個人の救いに焦点を置く宗教は、修行者や信者をほどよく導くための組織や位階制を発達させていることが多い。信者の魂の世話をする専門家が、僧侶や神父・牧師などの聖職者である。大きな組織は内部にさまざまなタイプの人を含んでおり、そうした中には、教団経営に力を発揮する者も、もっぱら神学的・哲学的な思索にふける人もいる。カリスマ的な人は、信者に対して特別な影響力をもつ場合もある。

◎教　典

人間は文字を発明して以来、大事なものを文字で書きとめる習慣をもっているが、宗教もまた例外ではない。教団が伝統的に伝えてきた書物は教典、聖典、経典などと呼ばれる。お経、聖書、クルアーン（コーラン）などだ。内容的には神話、開祖伝、奇跡譚、戒律一覧、修行ガイド等々の複合体である。古代の編集だから、論理的に整理されたものではない。教典の読み方はさまざまだが、何らかの形で神仏のメッセージが――あるいは人類の真理が――込められているという建前で読み解かれるのが普通だ。

宗教の教えはみな同じ?

以上述べたのは、もちろん大雑把なものであり、個別に見ていけば多くのバリエーションがある。しかも古代や中世の宗教、一昔前の文化人類学者などが研究した無文字社会の宗教となると、こんな要約では済まなくなる。

とはいえ、仏教とかキリスト教とか、歴史的大宗教に関して言えば、確かに類似点がたくさんある。

ここが宗教のおもしろいところだが、建前からすると、世界の歴史を天地創造の神の物語と見ているキリスト教やイスラム教などと、人間の悟りや安心立命に焦点を置き、創造神については一切触れない仏教などとは、論理的にまるで噛み合わない思想体系であるはずなのに、全体像を眺めてみると、やっぱり相互に似ている。いずれも信者を救うものであるし、いずこの信者も拝んだり祈ったり似たようなことをしている。

乱暴な比喩だが、宗教というのはバラエティ番組みたいなものであり、歌と踊りを中心にしていようと、クイズ形式になっていようと、ニュース報道を軸にしていようと、結局のところ視聴者に提供しているものに大差はない、というようなところがある。別の不謹慎な比喩を用いると、歴史の古い宗教は、繊維会社、自動車工場、食品販売等々から出発して、いつの間にか何でもやり出すようになった多角経営の大企業みたいなところをもっている。

釈迦が創始したころの仏教とイエスが十字架に架けられたころのキリスト教を比べたら、相互の類似点は——弟子たちの熱狂以外——あまりなかったかもしれない。しかし、二一世紀においてローマ法王やダライ・ラマが平和のメッセージを発するのを聞いている限り、神の教えるところと悟りの目指すところとにそれほど差があるようには思われない。

宗教を倫理的な教えとして見るとき、各宗教から共通する教えを引き出してくることは可能だ。

たとえば「怒りを制する」というテーマを見てみよう。まずは仏教の法句経《ほっくぎょう》から……

怒らないことによって怒りにうち勝て。善いことによって悪いことにうち勝て。わかち合うことによって物惜しみにうち勝て。真実によって虚言の人にうち勝て。

（中村元訳『ブッダの真理のことば　感興のことば』岩波文庫。傍点筆者、以下同じ）

次はキリスト教の新約聖書から……

肉の業《わざ》は明らかです。それは、姦淫、わいせつ、好色、偶像礼拝、魔術、敵意、争い、そねみ、怒り、利己心、不和、仲間争い、ねたみ、泥酔、酒宴、その他このたぐいのものです。

（「ガラテヤの信徒への手紙」五章）

イスラム教のコーランから……

みな争って神様のお赦しを手に入れるように努めよ。それから、敬虔な信者のためにしつらえられた、あの天地ほどの広さのある楽園をも。それは、嬉しい時も悲しい時もよく喜捨を出し、怒りを抑え、人に(何か害を加えられても)すすんで赦してやる人達のこと。アッラーは善をなす人々を好み給う。

(井筒俊彦訳『コーラン』上「イムラーン一家」一二七・一二八、岩波文庫)

儒教の論語から……

哀公問う、弟子、孰《たれ》か学を好むと為す。孔子対《こた》えて曰《のたま》わく、顔回《がんかい》なる者あり、学を好む。怒りを遷《うつ》さず、過ちを弐《ふた》たびせず。(哀公が「お弟子のなかでだれが学問好きといえますか。」とおたずねになった。孔子は答えられた。「顔回という者がおりまして学問好きでした。怒りにまかせての八つあたりはせず、過ちをくりかえしませんでした。」)

(金谷治訳注『論語』「雍也《ようや》第六」三、岩波文庫)

いずれも怒らないで自己コントロールを利かしている人を信者の理想としている。

そんなわけもあって、「すべての宗教の帰するところはひとつ」という思想が近現代になって次第に人気を得るようになってきた。宗教にシンパシーがあり、しかも宗教どうしの喧嘩はよくないと思っている者たちは、声に出しては言わなくても、潜在的にこのように考えていると言っていいだろう。

宗教の教えはみな違う？

以上述べたことは、宗教の教えというものを抽象的に理念化した場合に言えることである。しかし、怒るな、盗むな、殺すなという抽象的倫理だけであれば、今の時代、とくに宗教の教えに耳を傾ける必要はなさそうだ。それに、宗教の教えがこれだけ薄いものであることも滅多にない。宗教はふつう、もっと具体的なレベルでライフスタイルを規定している。タイ仏教の出家者の戒律や、イスラム教の戒律については、第5章で見た。戒律、儀礼、そして教理一般にわたって、なかなかこうるさくて面倒なのが宗教というものだ。逆に、そうでもなければ、宗教の存在感はかなり希薄になる。

具体的なライフスタイルの規定をめぐっては、一般に、次の点に疑問が生じる。

(1)宗教が真理であるとすると、なぜ宗教の違いによって規定の違いが生じるのか。
(2)具体的な規定を守ることは、信仰にとって本質的なことなのか。

第一の問題は、宗教にとっての永遠の謎である。一神教では天地創造の神を信じる。それは唯一の神であるのだが、なぜかユダヤ教、キリスト教、イスラム教で、神の命じているものに差がある。

究極の真理は複数あるのだろうか。宗教家は普通そのようには考えない。では、真理はひとつだが、人間にはわからない深遠なる理由によって教えが複数に分かれていると考えるのだろうか。イスラム教ではイスラムこそ究極の真理と信じているが、「啓典の民」――ユダヤ教徒やキリスト教徒など他の一神教徒――の信仰も尊重している（それに準じてヒンドゥー教など他宗教についても原則として迫害することはない）。

あるいは、真理はひとつ、教えもひとつなのだが、全知全能ならざる人間は各人が「これぞまことの教え」と思うものを選んでやっていくしかないと考えるのか。事実上、多くの宗教家はこの「真理あてっこ競争説」を採っているように見えるが、しかし、人間に競争させるのが神様の真意だというのも、今ひとつピンとこないところである。

第二の問題もまた、宗教にとって永遠の緊張の源泉だ。具体的な規定をどこまで絶対的で本質的なものと見なすべきなのか。

具体的な教えや戒律や儀礼をすっぽかしたら、宗教の中身はスカスカになってしまう。しかし、そうした具体性にこだわりすぎるのは不自由であるし、場合によっては理不尽だ。

古い仏教の戒律に、修行者は穴を掘ってはいけない——穴を掘ると地中の生き物を殺す可能性があるので殺生戒を破ることになる——というのがあるのだが、しかし在家の人に頼むのはOKであり、しかもそのとき「ここを掘れ」と言って頼むわけにはいかないので「これを知れ」と妙な言い回しをしたという。話だけ聞いていると、これはもう限りなく詭弁《きべん》に近い（もっとも、詭弁であれ何であれ、修行者に面倒くさい手続きを踏ませるということ自体には、修行的な意味があるかもしれない）。

さらに、こういうこともある。現代西洋人は、たとえクリスチャンとの自覚のある人でも、戒律や儀礼による生活の制約をあまり行なわなくなっている。信仰の中身が、精神主義的かつ個人主義的になっているのだ。これに対してイスラム教はあまり変化しない宗教であり、昔風に戒律や儀礼を律儀に守る人が多い。あるいは自分では守っていなくても、「戒律や儀礼の意義を個人が勝手に判断していい」とは考えていない。

クリスチャンの側から見れば、あれこれの形にこだわるイスラム教徒は相対的に「原理主義的」ということになる。しかし、問題の本質はむしろ、現代の西洋人とイスラム教徒との人間観のズレにあるのかもしれない。現代西洋人、とくにプロテスタント系社会の者は、人間を個人精神を中心に見る。個人の良心を守ることが先決問題であり、共同体が規定する身体的振る舞いはそのための手段だ。しかし、東洋ではふつう、身体的振る舞いが精神を形作り、集団の慣行が個人を育むということをもっと強調する。この点でイスラム教徒の人間観は東洋的なのである。

日本人もまた、欧米人ほど精神主義的・個人主義的にはなりきれていない。つまり「自由」「権利」「博愛」という観念的なものよりも、挨拶とか、(二〇二〇年の東京オリンピック招致決定以来流行語となった)お・も・て・な・しとか、盆暮れの付け届けとか、振る舞い的なもの、集団的な「お約束」的なもののほうに真理を感じてしまう。そういう意味で、日本人は欧米人とイスラム教徒の中間くらいのところにいると言える——イスラム教徒のように集団的規定を「神」に由来するものというふうには認識していないが。

鳥にも獣にもなりきれないコウモリのような日本人の立場の微妙さを認識しておいて悪いことはないだろう。

問いとしての宗教

どこの世界でも、伝統的には、宗教は集団レベルの規範という形をとっていた。しかし、近現代になって、個人主義が一般化してくると、教団や教会の見解や伝統の慣行では満足できない個人が増えてきて、宗教そのものが、人生の答えというよりも、人生の問いのような、オープンな感じのものになってきている。

さまざまな立場の個人、さまざまな能力の個人が、人生の意味について、自己の運命について、死後の世界について、物事や制度の起源について、自然科学の法則の根拠について、究極の問いを発し、その究極の答え——何がしか神がかった答え——を求める。そしてその答えは、事実上、てんでんばらばらである。

答えとして出てくる神様がブッダやキリストであっても、ブッダやキリストを病気治しの神と考える人と、世の悪徳を裁く厳しき神と考える人と、ラブ・アンド・ピースの元祖ヒッピーのような存在と考えるのとでは、大きな認識の隔たりがある。憲法第九条をどう解釈するかというのと同じで、立場によって解釈がバラけるのは当たり前のことども言えるが、しかし、宗教の場合、「絶対」であるべきはずの神仏の教えがバラけてしまうのだから、事態は深刻だ。

そもそも、私の病気はいったい治るのかという問いと、私は死後にどこに向かうのかという問いと、国家や制度の起源は何であるのかという問いと、自然法則や世界の歴史には神の意図があるのかという問いの間に、必然的な相関関係があるのだろうか。これらをすべて一個の宗教的問いとして捉えるのは思考の慣行であって、論理的にはみなばらばらの問いなのではあるまいか。

宗教を問いとして考えると、そもそもその問いが伝統的な意味での宗教とどんな関係があるのか、はたしてその問いを宗教的なものと考えることに意味があるのかまで考えなければならなくなる。「宗教」概念は雲散霧消寸前のところまで追い込まれる。

東アジアおよび現代の宗教の曖昧さ

「宗教」という概念の曖昧さについては、次の点も指摘しておかなければならない。

日本語の「宗教」は西欧語 religion (ラテン語 religio に由来) の翻訳語だ。明治になって外交文書の翻訳の都合でつくられた二字熟語である。中国語や韓国語の「宗教」は日本からの逆輸入・再輸入である。だから宗教／religion の概念的なモデルは西洋の宗教にある。要するに、何らかの点でキリスト教やイスラム教に似ている世界各地の伝統を、便宜的に religion と呼ぶことにしたわけだ。人文系の概念はみなそうだが、言葉というものは決してかっちりと定義づけられたものではなく、「似たもの探しゲーム」によって歴史的になんとなく使用法を拡げてきたものだ。

インドにはさまざまな神々がおり、何をもって「ヒンドゥー(インド)」と定義するのかも判然としない。そこにあるのは実際、インド人の倫理的ライフスタイルの総体といったようなものだ。しかしそれも一個の religion として認定された。儒教は概ね君子の道徳的訓戒のようなものだが、これは religion であろうか？　それともただの道徳か？　中国人も日本人もさまざまな信念体系（儒学、老荘思想、民間の道教、仏教、神道、修験道、民間信仰……）をチャンポンにして奉じているが、そのどれを religion と見るべきか、全体をセットにして religion と見るべきか、あるものは religion だが別のものは単なる風俗と見るべきかは、今もって解決のついていない問題である。さらに、中南米、アフリカ、東南アジア、シベリアなどの少数民族のさまざまな慣習については、それを religion と見るべきか、religion だとしてもそれには「○○教」「△△教」といった単位があるのか、考えれば考えるほどわからなくなる。

さらに、極東やさまざまな民族社会の多様な伝統を眺め渡した後で、キリスト教が主流の西洋に戻ってくると、この世界にも古代以来のさまざまな信念体系や結社活動が息づいていることが見えてくる。星占いだってあるしフリーメーソンだってある。だとすれば一神教世界における religion についても、もっと複雑な見方ができることになる。

つまりこれは、どこまでが果物でどこからが野菜かみたいな話なのだ。あるいは水金地火木土天海と来て冥王星を惑星に含めるか含めないかみたいな話なのだ。

さらに言えば、religion の定義を満たしているかどうかなんてことに、果たして価値があるかも判然としない。実際、人類学者も社会学者も歴史学者も、ある伝統が宗教であるかどうかにはほとんどこだわっていない。自分自身が定める便宜的な指標によって、ある伝統を宗教と呼ぶことにしているだけである。あるいは、単に慣行に従っているだけである。

こういうややこしい事態は、第1章で見た、東アジア地域における「仏教/儒教/道教」のチャンポン状態という地図作成者を悩ませる状況も生み出しているし、現代社会における「新宗教」という微妙なカテゴリーのもつ曖昧さという状況も生み出している。「新宗教」といっても、たいていのものは古い宗教の要素を引き継いでおり、救いだの愛だのという根本的なメッセージにおいてとくに新しさがあるわけではない。組織はたしかに新しいが、伝統宗教の組織だって時代に合わせて変わってきている。さらに「新宗教」の周縁には、さまざまなスピリチュアルな運動やサブカルチャー、コミューン、自己啓発セミナー、健康運動の類がわんさとある。どこまでが宗教のシステムでどこからが世俗のシステムかはわかったものではない。

この点はいくら強調しても強調しすぎることはない。

現代において宗教が後退する理由

現代は科学の時代である。科学的法則が明らかになった時代に、素朴に呪術を信じることは難しい。神様の奇跡を信じることも、世界の出来事の中に神様の意図を読み取ることも、次第に困難になってきている。今日でも、創世記に神が六日間で世界を造ったと書いてあるから、進化論はウソだと頑張る人がいるが（とくにアメリカで）、結局のところ、彼らの主張も年とともに次第に留保のたくさんついた言い訳じみたものになりつつある。

しかし、世の中から宗教色が後退したのは、必ずしも科学の発展によるものではない。いきさつはもっと複雑だ。

まず、何といっても、諸宗教のありようが具体的に比較できるようになったということがある。これは人類学者、社会学者、歴史学者、そして宗教学者の功績である。そして交通機関やメディアの発達のおかげである。昔のクリスチャンが仏教徒のことを、人生は迷妄だなどというわけのわからん教えを信じながら千本もの手のある偶像を拝んでいる悪魔教徒だと考えていたとしてもしょうがなかったかもしれない。しかし、キリストを信じていなくても大震災に際して公正に振る舞っている日本人の姿がインターネットを通じて世界中に配信される時代において、そんな手前勝手な信念を保持することは不可能だ。こうして自己の信念が相対化されていくと、やはり昔の人のようには、素朴に自らの伝統に思い入れることはできなくなるだろう。

濃い信仰の持ち主はともかく、薄い文化のレベルで宗教が相対化していくのは避けがたいことだ。

第二に、社会が個人主義化していっているということがある。これはすでに指摘した点である。人々が伝統の権威としてあれこれの教えや戒律を受け入れ、それが社会の連帯を促していた時代と、人々が個人的に人生や世界の意味について探究し、個人的に答えを得る——得たつもりになる——時代とでは、宗教の実質的な意味が大きく変わっている。いつの時代にも人間は人生について深い問いを発することだろうし、そういう意味では宗教が無くなることはないかもしれない。だが、宗教の具体的な形を保持することは次第に難しくなってきている。これは、比較的保守的なイスラム教徒の場合においてさえ、そうなのだ。

第三に、今日の自由思想や人権思想が、次第に宗教的ライフスタイルに対して厳しい目を向けるようになってきている。何を信じてどう行動するのも当人の勝手であるが——信教の自由——、共同体や家族がそうした行動や習慣を共有することをめぐっては、意思の強要が無かったかどうかが常に精査されるだろう。

一昔前であれば、宗教家が貧者や被差別者のためにひと肌脱いだというだけでも、世の人々はその聖なる意思に感服したものだが、今日の宗教家は、助けを求める病者や貧者に向かって、教えを垂れたり祈りを勧めたりすることにも、だいぶ慎重にならなければならない。病気で死にかけている、そしてこれといった信仰のない病人に、「祈りましょう」と勧める暇があったら、医薬品を用いるなり手術を受けるなり、とにかく治療に専念させることのほうが先決なのである。

第四に、今日の宗教家もまた、資本主義の原理と新規の科学テクノロジーの世界に生きざるを得ない。これのどこが問題になるかというと、伝統的な宗教の理想というのは、資本主義のライフスタイルともテクノロジー主体の社会システムとも異質な、どこか牧歌的な、人と人との、時間をかけた付き合いのようなものを前提としているからである。実際、仏教の悟りを得るには、長い間戒律を守ったり座禅を繰り返したりしながら、コツを先輩から学び取っていくしかない。イスラム教徒としての生活もまた、その世界の先輩の知識や知恵を拝借して——そうした知識の豊富な学者たちがウラマーである——少しずつ自分の生活を律していくところにポイントがある。

保守的な宗教家がいつも「一昔前」のライフスタイルを守ろうとしていることに目を向けてほしい。彼らは決して古代人のように暮らそうとしているわけではないが、ビジネスだのテクノロジーだのに追い立てられる前の暮らしが、宗教家の理想となっている。日本で言えば映画『ALWAYS 三丁目の夕日』(二〇〇五年)が昭和三十年代の「人情の世界」を理想化してみせたのと同じ感覚である。アメリカにあるアーミッシュというキリスト教の宗派はもっとすごくて、電気も使わず自動車も使わない。イスラエルの正統派の一部のユダヤ教徒は、一九世紀あたりの東欧社会の服装を守っている。

しかし、そんな宗教家の世界も、資本主義の競争原理とテクノロジーのイノベーションから逃れられない。彼らは常に矛盾にさらされている。神仏の救いの世界は、金の計算のようなみみっちいことからフリーであるはずなのに、宗教家もまた勢力拡大のためには市場調査をぬかりなく行なわなければならないし、もっと積極的に霊感商品を高く売りつけて儲けている霊能家たちもいる。

自分たちの宗教的世界を防衛しようとすれば、多かれ少なかれ閉鎖的にならざるを得ないが、思想の点で閉じれば「原理主義」になるし、空間的に閉じれば文字通りのカルトとなる。そして「攻撃が最大の防御なり」路線に転じれば、今度は実際に武器で防衛する教団も出てくる。しまいにはミサイルを持ったり化学兵器を開発したりする教団まで出てくる始末だ。彼らの矛盾は、他の点ではまったく保守的であろうとしているのに、テクノロジーの使用に関しては——兵器であれインターネットであれ——、まったく先進的である点である。彼らが力を持とうと持つまいと、宗教的に混乱していることは間違いない。

ざっとこんな有様だ。宗教家は——ここで言っているのは主に濃い信仰者たちのことだが——、現代社会において、ますます不安定で矛盾した状況に追い込まれているのである。これは、「科学が発達したから神様が信じられなくなったのだ」というほど単純なものではない。科学よりももっと広い、社会システム全体の変化という文脈から見ていく必要がある。

以上の概観からわかることは、現代社会においてなお宗教を求める人たちが盛んに現われ続けていることと、現代社会において宗教が次第に成り立ちにくくなってきていることとが、同じ理由を共有していることである。

現代社会のシステム——それは資本主義、テクノロジー、個人主義等々の現代的価値より出来上がっている——は、何がしか人間からゆったりとした時間を奪い、人間をシステムの歯車にしつつある。そうだからこそ、それとは原理を異にする宗教的ライフスタイルを求める人たちが跡を絶たないのだ。しかし、まさしく資本主義などのシステムが今日の強力なリアリティになっているために、いくら宗教的なライフスタイルを維持しようとしても、穴だらけのものにならざるを得ないのである。

これが現在、私たちの地球社会において、宗教なるものが置かれている状況だ。神仏はこうした状況をどう見ておられるのだろうか。

宗教について問うということは、結局、世俗の社会とはいったい何なのかを問うことに帰着する。そしてそれは、宗教に興味のある人ばかりでなく、興味のない人にも決して無縁とは言えない問題である。

そういう意味で、宗教とは何かを問うことは、万人に対して開かれた問いなのである。

資料編　世界の主な宗教　概説

1 ユダヤ教

ユダヤ教の歴史

ユダヤ教はキリストが誕生した時点ですでに千年以上の歴史をもっていた。キリスト教が分派してからも健在であり続けているので、今ではざっと三千年の歴史を誇る最長寿の宗教のひとつである。

ユダヤ教を奉じるのがユダヤ教徒だが、ユダヤ人と言ってもほぼ同じである。由緒正しい民族名は、イスラエル人、あるいはヘブライ人である。そのユダヤ人の歴史的故郷は、中東のパレスチナだ。古代中東にはアッシリア、バビロニアといった大国があり、パレスチナにはさまざまな都市国家が栄え、隣のアフリカ大陸にはエジプトという大国があった。そのいずれにも属さない無名の少数集団がユダヤ人の起源である。

彼らはヤハウェと呼ばれる神の掟を守る民として団結していた。ユダヤ人はヤハウェを

「唯一神」と考えた。天地を創造したたったひとりの神様である。天地を創造したということは、天地に対して倫理的な責任をもっているということである。

ユダヤ人にとってこの創造神は、自分たちユダヤ民族を倫理的に導く神様である。個人の救いではない。民族の社会的正義に焦点が置かれているのだ。

そして、ユダヤ教徒のこだわりは、先祖伝来のさまざまな掟――神の戒律――を具体的に守ることであった。これを書き記したのが「律法」と総称される創世記、出エジプト記、レビ記、民数記、申命記という五つの書物である(「旧約聖書」の巻頭の五書。左ページの表参照)。

ユダヤ民族は、紀元前一〇世紀前後にダビデ王やソロモン王のもとに統一国家(イスラエル王国)を持った。しかし、国家の繁栄は長続きしなかった。王国は分裂し、異国の侵攻に遭った。ついには大国バビロニアの首都バビロンに捕囚される事態となった(紀元前六世紀)。預言者と呼ばれる宗教的知識人たちは、「なぜ神を信じているのにこんな目に遭わなければならないのか」と自問した。預言者たちは、自分たちが倫理的に堕落しているから、このような試練に遭うのだと考えた。苦難に遭えば遭うほど、信仰に熱心になるというのは、宗教の世界ではよくあることである。

国家が当てにならなくなって以来、ユダヤ人たちは聖書を学び、神の掟を実践することで民族としての団結を保持するようになった。古代から中世に向かう途上で、ユダヤ人は、タ

旧約聖書に含まれる文書

律法《トーラー》（モーセ五書）		創世記、出エジプト記、レビ記、民数記、申命記
預言者《ネビーイーム》	歴史書	ヨシュア記、士師記、サムエル記上・下、列王記上・下
	預言書	イザヤ書、エレミヤ書、エゼキエル書、【十二小預言書】（ホセア書、ヨエル書、アモス書、オバデヤ書、ヨナ書、ミカ書、ナホム書、ハバクク書、ゼファニヤ書、ハガイ書、ゼカリヤ書、マラキ書）
諸　書《クトゥービーム》		詩編、箴言、ヨブ記、雅歌、ルツ記、哀歌、コヘレトの言葉（伝道の書）、エステル記、ダニエル書、エズラ記、ネヘミヤ記、歴代誌上・下

ルムードという浩瀚《こうかん》な書物（百科事典ほどの分量がある）を編纂した。律法は日常生活への適用をめぐって古代において種々の口伝を生んでおり、さまざまな議論が展開していたが、こうした議論の内容を集大成したのがタルムードである。タルムードは通例、準聖典ともいうべき扱いを受けている。かくして、律法やその解釈の歴史に詳しいラビ（先生、学者）を中心に、シナゴーグ（集会所）で伝統の教えを研究し、知恵を学ぶという生活様式が生まれた。こうしたライフスタイルが基本的に今日まで続いている。

旧約聖書

話を古代に戻そう。ユダヤ人は紀元前数百年ころには、たくさんの聖なる文書をもつようになっていた。すでに述べた律法の五書、イザヤ、エレミヤ、エゼキエルといった預言者の言葉をまとめた十数冊の書、他に詩編や箴言《しんげん》やヨブ記などである。これら約四十冊を合本にしたのがユダヤ教の聖書である。

なお、「旧約聖書」というのは厳密にはキリスト教徒の呼び方であり、ユダヤ教徒はこの呼び名を用いない。三部構成になっているのでそれぞれの部の名前を並べて「律法《トーラー》、預言者《ネビーイーム》、および諸書《クトゥービーム》」とか、あるいはこの三つの語の頭文字T、N、Kをヘブライ式に読んで「タナハ」などと呼んでいる。

旧約聖書すなわちユダヤ教典タナハに含まれる書物は、前ページの表の通りである。

旧約聖書

◎創世記

創世記には神話がたくさん入っている。神が六日間で天地を創造したという物語、人祖アダムとエバが神の禁令を破って知恵の木の実を食べてしまったという物語、人間たちがあまり悪さをするので善人であるノアの一族を除いて神が洪水でみな滅ぼしてしまったという物語、ユダヤ人の祖先であるアブラハムが族長になるまでの物語、等々、興味深い神話が目白押しである。

天地創造物語を見てみよう。

初めに、神は天地を創造された。地は混沌であって、闇が深淵の面《おもて》にあり、神の霊が水の面を動いていた。神は言われた。

「光あれ。」

こうして、光があった。神は光を見て、良しとされた。神は光と闇を分け、光を昼と呼び、闇を夜と呼ばれた。夕べがあり、朝があった。第一の日である。

（創世記一章）


世界中の民族が似たような「世界の始まり」神話をもっているが——日本の古事記にも似たような神話が書かれている——、こういったテキストのひとつひとつの文言が具体的に何を意味するのかは不明である。ここで言う「地」とは何か。宇宙大の部屋の床面のようなものか。古代人が地球のような球体を考えていたというのは、あり得そうもない。いずれにせよ、「天」がどのような空間であるのかわからないし、「闇」だの「深淵」だの「水の面」だのが「地」や「天」とどういう関係になっているのかもわからない。

神は一日目に天地を造ったのちに、光も創造して、昼と夜とを分けている。太陽と月の創造は四日目ということになっているから、それまでの三日間、どうやって一日を数えたのかまったく不明である。

創世記の第一章では、六日目に動物を造って、それからその支配者として人間を造っている。しかし、第二章ではまず人間（アダム）を造ってから、彼を助ける者（家畜？）として、動物を造っている。真っ正直に読めば、第一章と第二章は別の神話である。実際、創世記の記述は古代ユダヤ人がもっていた別個の伝承をぎこちなく継ぎ接《は》ぎしたものだと推定されている。

創世記がどのようにして成立したかは歴史家の研究に任せよう。この神話が発している大まかな主張は、「世界はただ無意味に、無造作に存在しているのではなく、何か良いものとして存在している」ということのようだ。その「良さ」を保証する物差しが「神」と呼ばれる宇宙的意思だ。「神」は自らの作品を眺めて「良し」としたのである。

「神」はまた——どういう順序であれ——「人間」を造って、天地の支配者の地位に据えた。平たく言えば、人間には世界に対して責任があるということだ。だから、ちゃんと後先を考えて、清く正しく賢く生きなければならないのである。

◎出エジプト記

出エジプト記は、かつて一時的にエジプトで外国人労働者として働いていたユダヤ人たちが、英雄モーセの指導のもとにエジプトを逃げ出し、パレスチナへの移住を目指すという物語である（これがどの程度史実を反映しているのかは不明である）。途上、モーセはシナイ半島の山で神ヤハウェから「十戒」を授かる。

モーセの授かった十戒とは――分け方に諸説あるようだが――、①神ヤハウェのみをあなた自身の神とせよ、②偶像をつくるな、③ヤハウェの名前をみだりに唱えるな、④安息日（七日に一度の休みの日）を守れ、⑤父母を敬え、⑥殺すな、⑦姦淫するな、⑧盗むな、⑨偽証するな、⑩搾取するな（正確に言うと、隣人の家やものを欲してはならない）、である。休日を守れというあたりに、３Ｋ労働に苦しめられた民族の記憶が焼き付いていると言えるかもしれない。

出エジプト記の物語が印象的なのは、「ひどいところを脱出して、新天地をめざす」「新しいルールのもとで新しい共同体をつくる」というモチーフが、いつの世にも通ずる普遍性をもっているからかもしれない。

◎預言者・諸書

イザヤ書、エレミヤ書、エゼキエル書などは、その名前の預言者の事績を記したものだ。

預言者とは「神の言葉を預かった者」という意味である。世の中に不正義がはびこっているとき、半ば神がかりしたシャーマン的な人物が、神の正義に帰れと宣《の》べ伝えたのである。具体的には、奢侈《しゃし》に走らず質実剛健に生きよ、社会的困窮者を守れということである。

ちなみに、預言者たちが活躍した時代は、インドでは釈迦などの自由思想家たちが、中国では孔子や諸子百家が、ギリシアでは七賢人とかソフィストとか哲学者（ソクラテスやプラトンなど）が活躍した時代と、大雑把に重なる。この時代（紀元前五世紀の前後数百年間）は、知識人たちが何事もつきつめて「哲学的」に考えるようになった時代なのである。

詩編は神を讃美した詩を集めたものである。クリスチャンもこれを讃美歌のヒントに用いている。他に、人生訓を集めた箴言という書物もある。また、ヨブ記というのは、神の掟を守る善人であるヨブがいろいろ苦難に遭ったとき、神に「いったい私のどこが悪いのか！」と問いかけたという内容の物語である。

なぜ善人がひどい目に遭うのか。善人が隠れて悪をやっていたとか、そういう話ではない。むしろ、ひどい目に遭っている人間の中にも、善人がいるという戒めである。神の真意は計り知れないのだから、人生は見せかけで判断してはいけないのだ。

観念よりも実践

ユダヤ人の信仰には特徴があって、霊魂とか、死後の生とか、天国と地獄の構造とか、救済の神学とか、そういう観念的な議論――いわゆる形而上学――には比較的冷淡である。このあたりは、観念的な神学が発達しているキリスト教とはずいぶん違っている。

繰り返しになるが、ユダヤ教徒が重視するのは、祖先から受け継いださまざまな規則をまじめに守っていくことである。聖書の中から六一三の戒めが抽出されている。それらは紀元前何百年という昔に砂漠的な環境で半遊牧生活を送る祖先たちが守っていた儀礼や生活規範である。

その中には安息日（シャバト）と呼ばれる七日に一度の休息日の遵守も含まれる（この七日周期の暦日管理システムは、今日世界中で採用されている「週」の起源である）。

また、食べてはいけないものの規定があり、性生活上の規定もある。また、新年祭をはじめ年中行事としての祝祭日も多く、これも守る。聖書に規定はないが、成人式も守る（十三歳の少年の成人式はバル・ミツバ、十二歳の少女の成人式はバト・ミツバ）。

規則や儀礼に満ちた生活は窮屈に思われるかもしれないが、信仰や悟りのような精神性にこだわるキリスト教や仏教よりも、年中行事や境内の掃除などを重んじる神道の感覚に、意外に近いところがある。

なお、中世以来カバラーと呼ばれる神秘主義の伝統が発達しており、これがユダヤ教の形而上学の役割を果たしている。また、神と合一して生きることをめざす敬虔主義の伝統もある（ハシディズムという）。

二千年にわたってユダヤ人は国家を持たなかったが、キリスト教徒から激しい迫害を受けたために、一九世紀になって、故郷であるパレスチナの地に国家をつくろうという運動（シオニズムという）が生まれ、これが今日のイスラエル国家の樹立につながった。ただし、敬虔なユダヤ教徒の中には、国家にこだわる運動を拒否する者もいる。

ユダヤ教徒は現在、ヨーロッパ、北アフリカ、中東、アメリカの各地に分散して暮らしている。彼らは、律法を絶対視する正統派、啓蒙主義的な改革派、中間的な立場の保守派といった歴史的系譜の中にある。言語は英語など住んでいる土地の言語を用い、東欧系の人々はイディッシュ語というドイツ語系の言語を話すこともある。イスラエル国ではヘブライ語（古代ユダヤ人が用いていたもので旧約聖書原典の言語である）が公用語として用いられる。

2　キリスト教

開祖イエス・キリスト

キリスト教はユダヤ教から派生した。開祖のイエス・キリストはユダヤ教徒である。紀元前四年にパレスチナに生まれ、紀元後三〇年頃には十字架刑で殺されている。この殺された宗教家を「神の子」「救世主」と仰ぐのがキリスト教の基本的モチーフである。

パレスチナの北部にガリラヤ湖（ティベリアス湖）という湖があり、その周辺をガリラヤという。イエスはそのガリラヤの町ナザレの大工であった。

キリストは苗字ではない。これは新約聖書の言語であるギリシア語のクリストス（ハリストスとも聞こえる）という語を、キリシタン時代に南蛮訛りで日本語化したものである。そしてこのクリストスは、ヘブライ語のメシア（マシアッハ）を訳したものだ。意味は「油塗られた者」である。

その昔、ユダヤ人は王様を位につけるときに、儀式として頭にオリーブ油を垂らしたのだという。だからメシアとは一種の王様なのだが、一般にはユダヤ人を解放する救世主を意味する。メシアが到来するときには、世の中がガラリと変わり、善人も悪人も相応の報いを受ける。たいていの時代のたいていの民族がそうであるように、ユダヤ人もまた、「まっとうな」人間が報われない世の中の不正義にうんざりしていた。ユダヤ人はそれをメシア待望や終末待望の形で表現したのである。

イエスの支持者たちは、彼がキリストすなわちメシアであることを期待した。

イエスの伝承を記した書物が福音書であるが、そこに書かれたもののうち確実に史実と思われる部分は、あまり多くない。イエスは二、三年ほどの間、民に向かって「神の国は近づいた」と説教し、幾人かの弟子を従え、信仰治療を行なった。しかし、社会の主流派、体制派に「社会秩序を乱す者」として目をつけられ、官憲に捕らえられてユダヤ支配層の裁判にかけられ、当時この地を支配していたローマ総督のもとで反逆罪により処刑された。ローマ帝国が採用していた反逆罪の処刑法が十字架刑であった。

死後に「イエス・キリストは甦った」という噂が広がった。キリスト復活信仰は、ユダヤ教徒以外にも広がり、独立の宗教——キリスト教——となった。キリスト教徒はローマ帝国の神々を信じなかったので邪教として迫害されたが、みるみるうちに勢力を拡大し、四世紀にはローマ帝国の国教になった。

歴史とはまったく不思議なものだ。イエスは失敗したメシアとしてローマ帝国に殺されたのだが、結果的には、ローマ帝国の精神世界を塗り替えてしまったのである。負けるが勝ちみたいな話である。

ちなみに、「キリストは甦った」というビッグニュースのことを「福音」、英語でゴスペルと言う。ゴスペル（gospel）は語源的には「よい（good）話（spell）」という意味である。

信仰治療と愛の教え

福音書に記された生前のイエスの姿の中でもとくに印象的なのは、信仰治療のシーンである。イエスは中風の者、目の見えない者、婦人病の者等、さまざまな人間の病気を治している。死んだ人間を甦らすことまでやっている。

近代医療の発達する以前の世界には――以後の世界でもなお――、マジカルに病気を治して歩く験者《げんじゃ》さんのような人はどこにでもいた。イエスはそういうカリスマ（特殊能力）をもった人間だったらしい。もちろん、あくまでこれは、信仰上の伝承である。

むしろ注目すべきは、イエスが社会的に差別されている者たちの救済に積極的に努めたというふうに伝えられていることである。今でこそ、「医療などの救済事業は、人々の身分や境遇や思想・信条に関係なしに行なうべきだ」というのが当たり前の思想となっているが、それはむしろキリスト教や仏教のような宗教の感化の結果である。

すでに書いたように、ユダヤ教徒は神の戒律（律法）を守ることを大切にしている。これは行き過ぎると窮屈で差別的になる。煩瑣《はんさ》な儀式やタブーを守ることに専念できるのは、ゆとりのある階級の人間に限られる。イエスの時代にも、規則遵守に熱心な者たちは、無学で生活に追われている貧困層を罰当たりな人間として差別した。一種のカースト的差別だ。イエスはそうしたタブーを公然と無視して、治療行為を行なった。たとえば安息日にも治療を行なった。

そんな具合だから、イエスはユダヤ社会の保守層から社会秩序を乱す者として目をつけられた。

あるエピソードによれば、イエスの敵対者たちは、なんとかしてイエスを貶《おとし》めようと考えた。そこで姦淫を犯した女をイエスの前に連れてきた。当時、姦淫は石打ちの刑である。敵はこう考える。もしイエスが女を赦してしまったら、社会的規則に公然とはむかったことになるので、当局に訴えることができる。逆にもしイエスが女に刑を科したなら、イエスの愛の教えも形無しだ。弟子たちも民衆もイエスから離反するだろう。

これに対するイエスの答えは、一種の「とんち」であった。イエスは「あなたたちの中で罪を犯したことのない者が、まず、この女に石を投げなさい」と告げる（「ヨハネによる福音書」八章）。「石を投げろ」と言ったのだから、社会の法は守ったことになる。しかし実質的には、「他人を裁くよりも、自分の心を裁け」という教えを説いているのである。

イエスを陥れようとしている者たちは、恐れをなしてその場を立ち去る。イエスはその女に「わたしもあなたを罪に定めない」と告げる。

大岡裁きにも似たこのエピソード自体は、フィクションかもしれない。しかし、少なくとも支持者たちは、このエピソードの中にイエスの教えの本質があると考えていたわけだ。

死と復活

受難復活劇は次のように展開する。

イエスはエルサレムで弟子たちと最後の晩餐をとる（その際にイエスはパンとワインを自分の肉と血と思って記念せよと告げる）。弟子のユダが裏切ってイエスの居場所を神殿祭司に告げる。イエスは大祭司のもとで裁判にかけられ、ローマ総督より死刑を宣告される。弟子たちは散り散りとなり、一番弟子のペトロは民衆の前で自分とイエスとの関係を否定する。イエスは民衆から嘲笑され、エルサレム市の城壁の外で十字架上に死ぬ。三日目にイエスの墓が空であることが発見される。イエスは女性信者や男の弟子たちの前に姿を現わす。

裏切りがあり、裁きがあり、嘲笑がある。死があり、復活がある。壮絶なドラマである。*

＊キリスト伝がもともとドラマ性が高いせいか、キリストの生涯を描いた映画には——聖書に忠実な内容であるとないとを問わず——秀作が多い。鬼才パゾリーニ監督がイエスに聖書の言葉をそのまま語らせてかえってシュールな効果を上げることに成功した『奇跡の丘』（一九六四年）、ジョージ・スティーヴンス監督の雄大にして敬虔なる『偉大な生涯の物語』（一九六五年）、イエスが結婚生活を夢見るという、ニコス・カザンザキス原作の問題作『最後の誘惑』（一九八八年）、イエスを裏切ったと伝えられるユダを主人公とする『ジーザス・クライスト・スーパースター』（これは元来一九六九年制作のロック・アルバムであるが、舞台化・映画化が幾度もなされている）等々、たくさんある。福音書の内容とは異なる部分も多いのだが、キリスト伝のもつインパクトをそれなりに伝えるものだ。

規則を守れない人間の哀しさ

ユダヤ教においては、「人々が神の集団的規則（律法）を守る」というのが、基本的なモチーフである。これはある意味でわかりやすい構図である。仏教もまた、ブッダの戒律を守ることで人生修行に励み、悟りを目指そうとする。

これに対して、キリスト教は、規則に対してひとつ捻《ひね》ったアプローチのしかたをしている。

基本的モチーフは、「人間は規則主義に耐えられない」というものである。

第一に、人間は弱さから、あるいは諸般の事情から規則を守りきれない。第二に、規則を守ったところで、それは偽善的なものであり得る。

実際、世の中においては、規則を守る人間が偉いとは言い切れない場合が多い。金持ちが税金を払うのは容易だ。しかし、貧乏人には、払えない、あるいは払ったら生活が破綻するということがある。だとすると、税金を払った金持ちのほうが払わなかった貧乏人よりも倫理的ということにはならない。金持ちは、自らの倫理を試されるような過酷な状況に置かれていなかっただけである。

もちろん税金は払わなければならない。規則を守ることは大事だ。しかし、倫理的には、規則を守る者を善玉、規則を守らない者を悪玉と単純に振り分けることはできないのである。税金は話をわかりやすくするための比喩である。「規則」には何でも含まれる。学校の校則でも、交通ルールでも、盆暮れの付け届けのような慣行でも、何でもいい。おとなしく規則通りにやっている奴が、実は一種のむっつりスケベエであって、心根は決して善人ではなかった、ということは、私たちの経験上、よくあることだ。

というより、人間なんて所詮そんなものだろう。

規則を守った者が規則を守らなかった者をいびる、いじめる、なんてことが起きたとしたら、本来は善意のものであった規則自体の面目も丸つぶれである。

キリスト教は、このあたりのところを衝く。

キリスト受難劇はいかにもわかりにくいが、次のようなドラマのシーンを思い浮かべれば、何らかの類推はつくかもしれない。


ある学校の物語である。熱血教師が生徒を指導する。彼は生徒のためを思って規則をつくる。しかし、生徒たちはそれが守れない。それどころか規則をたてにとって、優等生ぶりっ子が落ちこぼれ生徒を馬鹿にしたりして、ロクなことがない。

そこに、熱血生徒が現われる。彼は規則の趣意を理解している。だから規則を守れない生徒たちをかばう。しかし、彼はひねくれた生徒たちからいじめ抜かれ、殺されてしまう。彼の死後、遺された生徒たちが、「彼は我々馬鹿な生徒たちの身代わりになって死んでくれたヒーローなのだ」と思うようになる。彼らは犠牲者を悼みまた慕いながら、これからはよい学級にしたいと願う。


この比喩における、「熱血教師」を神に、「規則」を律法に、「熱血生徒」をキリストに、「いじめ」をキリスト受難劇に、遺された生徒の「悼み」や「慕い」をキリスト信仰に置き換えてみてほしい。

「熱血教師」と「熱血生徒」の心はひとつである。言うなれば、キリストは神と一体の存在なのである。

もちろんこれは、話を見えやすくするための粗野な喩えにすぎない。「熱血生徒」などというと軽い感じがしてしまうが、信者にとってキリストは絶対の神であり、自らの倫理的反省の鏡――その意味で怖いところのある存在――である。昔の日本人も、仏壇や神棚の前では神妙にした。洋の東西を問わず、そうしたセンスがあることをご理解いただきたい。

キリスト教の教理によれば、父なる神と子なる神（および聖霊なる神）はひとつの存在である（三位一体）。キリストは人類の罪を背負って犠牲死を遂げ、そして復活した。人間たちはキリストを信仰することで、罪を赦される。

なお、ここで注意してほしいのは、律法を重んじるユダヤ教が常にいじめの宗教であったなんてことはないということである。キリストは愛を説いたが、それは同時代のユダヤ教ですでに説かれていたことだ。また、キリスト教徒は、改宗しないユダヤ教徒を迫害した。要するに、キリスト教理が新たな差別を生み、偽善的ないじめを誘発したのである。人間はどこでも同じ過ちを繰り返している。何教徒であろうと、それは変わらないのだ。

新約聖書の構成

キリスト教独自の聖典、新約聖書には、二十七冊の本が入っている。そのうち巻頭に置かれた四つの書を福音書と呼ぶ（「マタイによる福音書」「マルコによる福音書」「ルカによる福音書」「ヨハネによる福音書」）。福音書はイエスの伝記である。イエスが公の宗教活動を開始してから十字架上に死に、その後に復活したところまでが書かれている。

マタイによる福音書とルカによる福音書には、イエスの幼少時の伝説も書かれている。馬小屋の飼い葉桶に寝かされた幼子イエスを、母マリアと父ヨセフが見守り、東方から来た三博士が黄金、乳香《にゅうこう》、没薬《もつやく》の贈り物をし、羊飼いが礼拝し、天使が神を讃美するというクリスマスの降誕劇は、この伝説に由来する。

福音書が四冊あるのは、初期のキリスト教会の複数の派閥がそれぞれの福音書を作成したからである。マルコによる福音書がいちばん古く、イエスが処刑されてから半世紀近くのちに書かれている。マタイとルカはマルコの記述に書き加えを行なうことで編纂しなおしたものだ。ヨハネによる福音書は独自に書かれたもので、独特の神秘的な筆致となっている。

新約聖書の中で、四冊の福音書の次に置かれているのは、使徒言行録（使徒行伝）である。これはイエスの弟子たちの活躍記である。その中に、パウロという人物が登場して、ユダヤ人以外の人々に宣教を行なっている。新約聖書の後半部分には、このパウロが各地の信徒に

新約聖書に含まれる文書

福音書		マタイによる福音書、マルコによる福音書、ルカによる福音書、ヨハネによる福音書
その他	弟子・孫弟子たちについて	使徒言行録（使徒行伝）
	パウロ書簡	ローマの信徒への手紙、コリントの信徒への手紙（一、二）、ガラテヤの信徒への手紙、エフェソの信徒への手紙、フィリピの信徒への手紙、コロサイの信徒への手紙、テサロニケの信徒への手紙（一、二）、テモテへの手紙（一、二）、テトスへの手紙、フィレモンへの手紙
	その他	ヘブライ人への手紙、ヤコブの手紙、ペトロの手紙（一、二）、ヨハネの手紙（一、二、三）、ユダの手紙、ヨハネの黙示録

下線は、パウロ書簡のうち、聖書学者がパウロの直筆と認めた七書

向けて書いた手紙が含まれている（「ローマの信徒への手紙」「コリントの信徒への手紙（一、二）」「ガラテヤの信徒への手紙」など）。

パウロの手紙は福音書より後ろに置かれているが、先に書かれたのはパウロの手紙のほうである。パウロはイエスに直接会ったことがない。しかし彼はキリスト教会にとっての偉大な組織者であった。

キリスト教が独立した宗教となったのは、パウロのおかげだと言われている。彼が手紙を通じて説いた教えが、その後のキリスト教神学の骨格となっている。そうした教えの中には、人類の罪をキリストが肩代わりして清算したという、現在のキリスト教会の公認の神学も含まれている。

新約聖書の最後に置かれている「ヨハネの

黙示録」は、ローマの放縦が最後には破滅を迎え、信仰堅持な者が至福を得るというビジョンを描いたものである。初期のキリスト教徒がいかにローマ帝国の横暴と堕落を憎んでいたかを教えてくれる。

儀礼、教会、教理、宗派

キリスト教は成長途上で、新約聖書以外にもさまざまなものを生み出した。

儀礼としては、洗礼式や、キリストの最後の晩餐を記念するミサ（聖餐式）などが制定された。教会とは、信者たちの集まりのことである（建物のことも指す）。修道会とは、自己を神に捧げたい者（修道士や修道女）が特別に自己に戒律を課して集団生活を送る共同体である。ベネディクト修道会などいろいろある。

教理としては、天の父なる神と、地上に現われた子なる神（つまりイエス・キリスト）と、個人個人の心の導きとなる聖霊なる神との三つのカミサマを「三にして一つ」と考える三位一体説が唱えられるようになった。

歴史の中でキリスト教はいくつもの宗派に分かれていった。

東方正教会はギリシア語版の聖書を用いるので、ギリシア正教ともいう（内部は各国別にブルガリア正教会、セルビア正教会、ロシア正教会などに分かれている）。

ローマカトリック教会はラテン語を教会の言語としているが、今は各国語でミサを行なう。カトリック教会の長を教皇（ローマ法王）と呼ぶ。カトリックはかなり集権的な組織である。

近代になって、カトリック教会の権力機構にプロテスト（抗議）した者たちが各種のプロテスタント教会を開いた。ドイツのマルティン・ルターに由来するルター派（ルーテル派）、ジュネーブに一時神権政治をもたらしたカルヴァン派が有名だが、他にも、バプテスト教会、メソジスト教会、英国国教会（聖公会）など、さまざまなものがある。

儀式を執行し、信徒を指導する専門家の呼び名は、宗派によって異なる。カトリック、東方正教会、英国国教会では司祭（神父）、プロテスタント教会の多くでは牧師と呼ばれる。

概して言ってプロテスタントよりカトリックが保守的であり、それより東方正教会が保守的である。ただし近代生まれのプロテスタントはばらつきが大きい。儀式を行なうことよりも聖書を読むことを好み、観念的な分だけ解釈が多様化しており、極めてリベラルな教会もあれば、ファンダメンタリストと呼ばれる極めて保守的な教会もある。カトリックはミサなどの儀式を重視し、教皇以下のヒエラルキーを厳格に守っている。

現代では、カトリックの信徒はスペインやイタリアなどの南欧、フランスやドイツ南部、ポーランド、そして中南米、フィリピンに多い。アメリカ合衆国でも大きなウェイトを占める。プロテスタントはドイツ北部、北欧、英国、アメリカ合衆国に多い。

3 イスラム教

古くて新しい宗教

イスラム教の興味深い点のひとつは、これが、メッカに向かって全身で礼拝する信者たちの姿に窺われるように、いかにも古代風の様相を呈しつつも、歴史的大宗教の中では最も若い宗教だということである。

儒教、仏教、ユダヤ教などは紀元前に形をなした。中国の神話的伝統を体現した道教や、インドの神話的伝統を体現したヒンドゥー教も淵源はやはりはるか古代にある。キリスト教は紀元一世紀に生まれ、同じころ大乗仏教が盛んになった。ところがイスラム教が誕生したのは七世紀である。これは日本では大化の改新の頃、中国から仏教を含む文明の輸入をせっせと行なっていた時期である。日本人が仏教に触れるようになったとき、すでにこの宗教は千年近い伝統を誇っていた。

とはいえ、イスラム教は唯一神を信仰する宗教であり、その伝統そのものはユダヤ教という形で太古の昔からある。イスラム教徒の認識によれば、イスラム教は古くて新しい宗教である。由緒正しい唯一神の信仰を受け継ぐものであり、その最新バージョンとして現われた決定版の宗教なのだ。

イスラム教徒は、聖書中の重要人物を預言者として尊び、ムハンマドを最後に現われた最新にして最強の決定版預言者と考えている。彼らが数え上げる預言者の中には、エデンの園のアダム（アラビア語の発音ではアーダム）も、ユダヤの族長のアブラハム（イブラーヒーム）も、神から十戒を授かったモーセ（ムーサー）も、キリスト教の福音を告げたイエス（イーサー）も入っている。イエスは救世主ではなく預言者である。このイエスに続くのがムハンマドだ。

ムハンマドの生涯

預言者ムハンマドは西暦五七〇年頃に、アラビア半島の交易都市メッカの支配的部族の一員として誕生した。父は誕生前、母も幼少時に亡くなった。ムハンマドは孤児として祖父や伯父のもとで育てられた。キャラバン貿易の女商人であるハディージャに雇われて、商才を買われ、ついでに結婚も申し込まれてＯＫした。ムハンマド二十五歳のときであるが、ハディージャは十五歳ほど年上であったとのことである。

四十歳になる頃から、ムハンマドは孤独な瞑想を始める。メッカ近郊の山で、キリスト教の修道士のように禁欲しながら瞑想するのである（ムハンマドはユダヤ教徒のこともキリスト教徒のことも知っていた）。

そしてある日、洞穴で瞑想しているときに、突如、大天使ガブリエル（ジブリール）が現われて、彼の喉元をぐいとつかんで神の言葉を誦《じゅ》すことを命じたといわれる。

誦《よ》め、「創造主《つくりぬし》なる主《しゅ》の御名において。
いとも小さい凝血から人間をば創りなし給う。」
誦め、「汝の主はこよなく有難いお方。
筆もつすべを教え給う。
人間に未知なることを教え給う」と。

（井筒俊彦訳『コーラン』下「凝血」一〜五、岩波文庫）

ガブリエルといえば、新約聖書のルカによる福音書の中で、イエスの母マリアの前に現われて救世主を身ごもっていることを知らせたとされている天使である。ムハンマドは自分はついに悪霊憑きになったのかと心配したが、妻のハディージャはこれは真正なる啓示であると信じた。このときを皮切りに神はムハンマドに続々と言葉を授け、その総体がクルアーン（コーラン）となった。

六一三年頃にムハンマドは公に宣教を開始する。自らの出自の部族であるクライシュ族の面々は彼への迫害を始める。というのは、ムハンマドに現われた神が「唯一神」であったのに対し、部族の伝統の神は複数の神々であったからだ。つまり多神教社会の只中に一神教が出現したのである。

なお、この唯一神のことをアラビア語でアッラーと呼ぶ。アッラーは「スサノヲノミコト」のような固有名ではない。アラビア語の「神」を意味する言葉に定冠詞がついたものであり、要するに「ザ・神」ということである。また、「イスラーム」とは「(唯一神に）帰依する」ことを意味する。帰依した者が「ムスリム」（イスラム教徒）である。

多神教と一神教との抗争は、ユダヤ教出現以来の「伝統」である。古代中近東の多神教社会の只中で、ユダヤ人たちは自分たちの「唯一神」の概念を守り通した。キリスト教もまた、誕生当時ローマ世界を支配していたローマやらエジプトやらの神々の信仰と対立した。そしてこのたびムハンマドはメッカの伝統的な多神教との闘争に入ったというわけだ。

これは一神教世界で繰り返されてきた多神教vs.一神教の闘争の典型的な一例だ。古代ローマの神々はローマ帝国の皇帝権力と結びついていたし、メッカの多神教は地元の部族の権力と結びついていた。「唯一神」の信仰は、そうした権力支配に対する批判でもあった。

すでに述べたように、隊商貿易を行なっていたムハンマド自身は、ユダヤ教やキリスト教のことを直接間接に知っていた（当時中近東世界のあちこちにユダヤ人やクリスチャンが分散していたのである）。だから唯一神の観念が彼の脳裏に突如生まれたのではなかった。唯一神を信じるということは、この世の諸々の権威を相対化して見るということであり、具体的には、身分秩序のような差別に対して平等主義的な批判を行なうということである。

要するに、人類はみなアッラーのもとに平等なのである。ユダヤ教の預言者たちも、キリスト教のイエス・キリストも、みな何らかの形の不平等の問題、社会の不正義の問題を自らのテーマとしていたことを思い出そう。天の神と地の人間の距離は無限に遠い。だから天から見れば地の人間どもはみなドングリの背比べなのである。

ムハンマドの周囲には信者が集まりだした。彼の宗教は貧乏人にやさしく、金持ちに厳しい。もちろん有力部族がこれをおもしろく思うはずはない。というわけで、メッカでの布教は頓挫《とんざ》する。しかし、このとき隣町――といっても砂漠の国のことだから何百キロも離れているのだが――のメディナから招待されて、信者ともどもそちらに移住する。西暦六二二年のことである。この年がイスラム暦元年となった。

メディナで彼は正式にイスラム共同体を立ち上げる。それは神の啓示に基づく共同体であり、かつ政治的共同体でもあった。メディナにおけるこのパターンがイスラムの理想的元型となったので、宗教的でも政治的でもあるようなシステムが、イスラムでいう「宗教」ということになった。

ムハンマドはメディナで有力なユダヤ人社会が自分たちを歓迎してくれると思ったが、ユダヤ教徒のほうではこの新興宗教を警戒したらしい。イスラム教徒たちは最初エルサレムの方に向かって礼拝していたのだが、やがて方角はメッカに変更された。ムハンマドは自分たちの信仰こそが、祖先のアブラハムの純正なる信仰を受け継ぐものだと主張した。

ムハンマドの仲間はメッカ勢力と対立を続けた。幾度か戦いがあったのち、六三〇年にムハンマドはメッカに入り、カアバと呼ばれる神殿の神々の像を打ち砕いた。結局、メッカ市民の大半はイスラム教徒となった。ムハンマドは政治的リーダーとして並々ならぬ手腕をもっていたようだ。

現在、カアバの周りは広場のようになっており、そのぐるりに聖モスクと呼ばれる大きなモスクが建っている。イスラム教徒はこのカアバに向かって同心円状に座って祈る。

西暦六三二年にムハンマドは没した。ムハンマドが受信して配信した唯一神の言葉は聖典クルアーンとなり、ムハンマドの日常生活の言行録はハディースなる書物となった。

六信、五行

ユダヤ教やキリスト教に比べると、後発のイスラム教の信仰内容はかなりコンパクトに整理されている。ユダヤ教徒ほどたくさんの戒律は背負い込まないし、キリスト教徒ほど観念的な神学を語ることもない。イスラム教徒として守ることになっているのは、六信と五行である。

六信はイスラム教徒が信じるべき六つのもの——神、天使、預言者、啓典、来世、定命《ていめい》——を指す。前述のとおり、預言者にはムハンマドのみならず、聖書の預言者やイエスも含まれる。啓典とは神が啓示した書ということだが、クルアーンのみならずユダヤ教やキリスト教の聖書を含む。来世とは終末後の世界で、人間は楽園か火獄《かごく》に行く。定命とは一切をご存じの神の予定のことである。

五行はイスラム教徒が行なうべき五つのこと。信仰告白、サラート（礼拝）、ザカート（喜捨）、断食、ハッジ（巡礼）である。

信仰告白とは、「アッラー以外に神はなし」「ムハンマドはアッラーの使徒である」の二つの項目を証言すると誓うことだ。二人の男性イスラム教徒の前でこれをアラビア語で唱えれば、イスラム教に入信したことになる。サラートは一日五回メッカの方角に向かって行なう礼拝である。ザカートは宗教的な献金・税金のようなもので、貧困者などに分配される。五行の断食はイスラム暦のラマダーン月に行なう一か月の断食だが、断食とはいえ日没後は食べる。イスラム暦は純粋な太陰暦（一年は三五四ないし三五五日）だから毎年どんどんずれていくので、断食が夏になることも冬になることもある。ハッジはメッカへの巡礼だが、体力と財力がある者だけでよい。

と、こう並べると、けっこう信じるものも多く、やることも多いじゃないかと思われるかもしれないが、世界の宗教の多くが信者にたくさんの儀礼や信条を要求するのと比べれば、少ないと言える。それに内容が比較的具体的であり、頭をひねらなければならないような部分がないから、その意味でもシンプルだ。

イスラム法と現代社会

イスラム教はシンプルだとはいっても、イスラム教が歴史的に政治や法律の領域を広く覆ってきたことを忘れるわけにはいかない。このあたり、仏教やキリスト教とはかなり違っている。仏教は原則として修行者の宗教であり、在家に関しては、精神的指導を与えるという以上のものではない。キリスト教はローマ帝国の支配機構の只中に生まれたので、自らの持ち分を精神の王国に限り、政治と宗教との間に緊張関係を認める。しかし、イスラム教は、社会に唯一神の正義をゆきわたらせるという建前どおり、壮大なイスラム法（シャリーア）の体系を築き上げてきた。

それはクルアーン、ハディースなどを出発点として、かっちりと論理的に出来上がったシステムであり、礼拝の仕方のような宗教的なものから、結婚や離婚や遺産相続など民法にあたるもの、商法にあたるもの、刑法にあたるもの、さらには国際法にあたるものまで、人生の万般におよんでいる。やっていいことと悪いことの判断は、義務、推奨、許容、忌避、禁止の五段階評価でなされる。たとえば契約の履行は義務であり、貧者への施しは推奨され、盗みや姦通や飲酒や利子を取ることは禁止である（酒以外に渇きを癒すものがないときは許容扱いである）。

シャリーアをもっているというのは、六法全書と宗教の戒律をセットでもっているようなもので、その重みはたいへん大きい。現代のイスラム諸国では国内法は西洋式の法律が運用されているが、信者の日常生活の規定としてはシャリーアが生き続けている。

現代におけるイスラム復興とかイスラム主義とか言われる思潮の中には、このイスラム法を国内法にしたいという要求がある。そうなってくると、近代西洋の政教分離の原理に抵触してしまうし、中世の昔の法の運用や刑の執行を、官僚機構や警察や軍隊をもった近代国家の権力でやっていいものやら、わからなくなる。また、男女間における扱いの差異も問題になる（たとえば家族の扶養義務は男性が負う、女性の遺産相続の権利は男性の半分である、など）。ほとんど執行されることはないとはいえ、姦通者への石打ちのような身体刑は、現代人の感性にも正義観にも合わない。イスラム教徒たちの間にも、意見の一致が見られなくなってきている。

イスラム教は、建前としては、近代国家の法制度のまるまる全体に匹敵する一個のシステムなのである。だからシステムとシステムとの摩擦やギャップの問題がどうしても生じてしまう。これは個人としてのイスラム教徒が保守的か開明的かということとは別問題なのだ。信仰（心の中）ではなく、システム（社会の約束）に注目することで、イスラム問題のややこしさが日本人にとっても理解可能なものになるかもしれない。

地理的分布と宗派

イスラム教がアラビアの砂漠の宗教だとばかり思っている人が多いが、そうしたイメージは実態と必ずしも一致しない。キリスト教もまたパレスチナ、シリア、エジプト、トルコの半砂漠のような地域から成長を開始したが、しかし、今日キリスト教という言葉で思い浮かべる風景は、修道院の鐘が鳴るイタリアの都市であったり、白塗りの教会が建つアメリカの大平原であったり、雪の中に煌《きら》めいているロシアの教会のネギ坊主の尖塔であったりするだろう。

イスラム教の分布域も、中東の砂漠地帯よりもっと範囲が広く、バングラデシュの低湿地も、インドネシアの熱帯雨林も含まれている。実はインドネシアはイスラム教徒を最もたくさん抱えた国である。ざっと二億人だ。バングラデシュにも一億人以上が住んでいる。サウジアラビアは二千万人、エジプトとトルコとイランがそれぞれ七千万人程度であることを考えると、南アジア・東南アジアのイスラム教徒の多さは注目に値する。

なお、イスラム教にはスンナ派（スンニー派）とシーア派という二大宗派がある。圧倒的多数はスンナ派であり、シーア派は主にイラン周辺の宗派である。これはムハンマドの後継者争いの中から分派した宗派だが、そのうちのさらに十二イマーム派と呼ばれる支派が、代表的なシーア派である。

なお、宗派ではないが、スーフィズムという古くからの思想的運動がある。これはスーフィーと呼ばれる神秘主義者の修行的実践のことである。本来は「乞食坊主」的な暮らしをしながら神との神秘的合一をめざすものだが、広く民衆的支持を集めてきた。日常的倫理を超越する要素もあるが、一般の人々に日常の善行の美徳を説いたりして、社会の中に定着していたのである。

4　仏教

変容の伝統

仏教の歴史は長い。始まったのは紀元前五世紀頃のことであり、キリスト教よりも五世紀ほど、イスラム教より一ミレニアム（千年紀）以上も古い。

歴史が長いばかりでなく、仏教は時代により、伝播した地域により、非常に異なる姿を見せている。釈迦が創始してから数世紀ほどの間の「原始仏教〜部派仏教*」と、西暦紀元前後に誕生した「大乗仏教」とでは、ユダヤ教とキリスト教ほども教理に違いがある。さらにこの大乗仏教が東アジアに伝播してからは、土着の信仰形態と習合して、さらに変容した。

しかし、すべての仏教に共通する要素もある。それは「悟り」の探究である。古代インドの仏教徒も、その系統を引く東南アジアの仏教徒も、宗教改革によって誕生した大乗仏教の信奉者も、その系統を引くチベットや中国や日本の仏教徒も、「悟り」という心の状態を求める点では変わりない。

これは、ユダヤ教、キリスト教、イスラム教といった一神教が、みな「神」（天地創造の神）を求めているという点で共通しているのに比べられる。第2章で述べたように、悟りをテーマとして探究してきた人々の系譜が仏教であり、正義なる創造神をテーマとして探究してきた人々の系譜が一神教であるという言い方もできるだろう。

＊最初期の仏教のうち、開祖釈迦に近い時期のものを「原始仏教」または「初期仏教」、数世紀たって部派に分裂した時期のものを「部派仏教」という。

仏教の出発点――釈迦

学者の推定によれば、仏教の開祖、釈迦は紀元前四六三年に生まれ、三八三年頃に入滅した（仏教の開祖が死んだことを「入滅」という）。

釈迦はさまざまな名で呼ばれている。これがなかなかややこしい。

本名……ガウタマ・シッダールタ（＝ゴータマ・シッダッタ、瞿曇《くどん》・悉達多《しっだった》）

称号……ブッダ（＝仏陀《ぶっだ》、仏、ほとけ、覚者）

通称……シャーキャムニ（＝釈迦牟尼《しゃかむに》、釈迦、釈尊）

本名はガウタマ・シッダールタである。これはインドの文語であるサンスクリット語の読み方であり、東南アジアで仏教語として用いられるパーリ語の発音では、ゴータマ・シッダッタとなる。カタカナで書くと欧米式にたいてい前のほうが個人名だと思ってしまうが、しかしこの場合の順序は日本式だ（ガウタマが姓、シッダールタが個人名）。滅多に見ることはないが、この姓名を漢字で書くこともできる。ガウタマは瞿曇《くどん》、シッダールタは悉達多《しっだった》となる。

ガウタマは「すばらしい牛」、シッダールタは「大願成就」くらいの意味である。インドで牛は聖なる獣だ。「すばらしい牛」というのはとてもめでたい姓だ。その家に生まれた「大願成就」君なのだから、いやがうえにもめでたい。

ガウタマ・シッダールタは悟りを開いた。それで人々から敬意をこめて「目覚めた人」と呼ばれるようになった――漢語では「覚者」――のだが、この「目覚めた人」にあたるインドの言葉がブッダである（サンスクリット語でも、パーリ語でも）。漢字で書けば仏陀となり、略して仏とも書かれる。日本人はこれを「ほとけ」と訓読みしている（ブッダがなぜホトケになるのかについては、七ページ参照）。

日本人が仏陀ではなくブッダとカタカナで書くようになったのは、仏教学者の中村元訳の『ブッダのことば』(岩波文庫、一九五八年)や手塚治虫の漫画『ブッダ』(一九七二～八三年連載)によるところが大きいだろう。NHKの特集番組もさかんに「ブッダ」という表記を用いているので、この影響も大きいと思われる。

東アジアで用いられている釈迦という呼称は、民族名に由来している。シッダールタは古代インドの王族の生まれであり、その故国の民族名がシャーキャ族であった。「シャーキャ族の聖者《ムニ》」という意味でシャーキャムニ、漢字で釈迦牟尼と称されるようになり、漢字文化圏ではこれがいちばんふつうの呼び名となったのである。なお、「釈迦」では呼び捨てになるので、「お釈迦様」とか「釈尊」とか言うのが、本来礼儀正しい呼び方だ。

なお、英語では通例、**Buddha** とか **Gautama Buddha** (ゴータマ・ブッダ)などと呼ぶ。のちに発達した大乗仏教では宇宙に無数の **Buddha** (ブッダ、仏)がいることになっているので、それらの神話的ブッダと区別して、開祖のブッダをゴータマ・ブッダと呼ぶのである。

釈迦の生涯

ガウタマ・シッダールタは王族の嫡男である。つまり仏教の開祖は、本来ならば国王となる身分にあったのだ。それが身分も地位も妻子も棄てて、修行者となった。そして三十五歳頃（紀元前四三〇年頃？）に悟って、ブッダ、覚者となる。

釈迦は生涯の後半を悟りの伝授に費やす。ガンジス川のほとりにあったマガダ国とコーサラ国という当時の大国の間を行ったり来たりして、大勢の弟子の指導にあたったのだ。本拠地のようなものもあった。マガダ国では竹林精舎《しょうじゃ》、コーサラ国では祇園精舎という道場（修行用のキャンプ場のようなもの）が寄進された。

釈迦は八十歳くらいで亡くなった。寄進された料理に中《あた》ったらしい。釈迦は死期を悟る。秘書のようにしていつも釈迦のそばにいた阿難《あなん》（アーナンダ）は嘆き悲しむ。釈迦は「悲しむな、嘆くな」と説く（大般涅槃経《だいはつねはんぎょう》）。

アーナンダよ、私は常日頃、どんなに愛する者であっても、いつかは別れなければならない、と説いてきたではないか。君はよく頑張ってきた。これからも修行に精を出してほしい。死んだら「師がいなくなった」などと思わないように。私は教えや戒めを遺した。これが君たちの師となるのだ。——このように説いて、ほどなくして釈迦は亡くなる。

中道

釈迦の悟りとはどのようなものであったのだろうか。

仏典に記された伝承によれば、シッダールタ王子はまず、王宮において、女官にかしずかれながら、快楽三昧の安逸な生活を送っていた。父王の配慮によって、老人も病人も死人も遠ざけられていた。

しかし、鋭敏な王子はそんな生活に疑問を抱くようになり、王宮を去って、森で苦行三昧の生活を始める。シッダールタは文字通り骨と皮になってしまう。

結局、王子は、この苦行生活も断念する。快楽が虚しいように、苦行もまた時間の浪費だと喝破したのだ。この両極端から遠ざかろうとしたシッダールタは、菩提樹の下でじっくり瞑想を始める。かくして透明になった釈迦の心に「悟り」が訪れた。

見てのとおり、この物語は、「快楽」→その反対の「苦行」→そのどちらでもない「悟り」と、まるで弁証法のような展開をもっている。

一般に人間は、自分の欲望にかまけたり、逆に無理矢理自分を矯正しようとしたり、とかく両極端に走りがちである。しかしどちらも現実的・実際的ではない。大事なのは、ニュートラルな覚めた目で、自らの現実を「観る」ことだ。そこに新たな展望――悟り――がひらける。

この、両極端を避けることを「中道《ちゅうどう》」という。両極を足して二で割ればいいというのではない。両極端に向かいがちな妄念の雑音を消したとき、ちょうど真ん中のところに、現実そのものがクリアに見えてくるというのである。

もちろんここでいう現実とは、自然科学者が探究するような物理的現実のことではない。人間がさまざまな迷妄に囚われながら悪循環の生を送っているという、人生の現実である。修行者も、修行者以外の一般の人々も、迷妄と苦という人生の現実を見据えるところから、新たな人生を始めなければならないのだ。

固定の教えがない？

この中道の立場を分析的に説明していくと、高校の倫理の教科書にも載っている仏教の根本教理、「四諦《したい》」「八正道《はっしょうどう》」「縁起《えんぎ》」となる。これは修行のポイントを箇条書き的に示したものであり、釈迦その人が説いたものではないらしい。初期の仏教教団がカリキュラムの整備を進めていく間に、徐々に定着していったと考えられている。

仏教教理は歴史とともに次第に複雑さと哲学性を増大させていったが、開祖の釈迦自身は、そもそも理屈っぽい説明は避けたとも伝えられる。中村元は、出発点の仏教に関して、「仏教そのものは特定の教義というものがない」「既成の信条や教理にとらわれることなく、現実の人間をあるがままに見て、安心立命の境地をえようとするのである」と書いている（『釈尊の生涯』平凡社ライブラリー）。

釈迦は、思想的真空状態の中にいきなり登場したのではない。釈迦の置かれた歴史的文脈を説明しよう。

当時も今も、インド人は無数の神々を信仰する多神教徒である。その多神教をヒンドゥー教と呼ぶ。それはバラモンと呼ばれる祭司たちのお祭りやお祈りを奉じる宗教である。大勢いる神々に向かって長々とお祈りを唱え、五穀豊穣やムラの安寧を祈願していたのだ。

釈迦が生きていた時代、そうした伝統的な信仰は転機を迎え、インド各地に無数の自由思想家が出現していた。神々も伝統の倫理も、さらには精神の実在すらも信じないというインテリたちである。

釈迦もそうした自由思想家のひとりであった。彼は伝統的な神々の信仰から距離を置く一方で、自由思想家たちの説くさまざまな哲学的な理屈からも距離を置いた。釈迦の独自性は、伝統的なものであれ、新興の思想であれ、理屈や観念に溺れないようにせよと説く点にあった。

哲学的に観念をいじくりまわしても、人生の苦しみの問題は解決しない。釈迦は快楽と苦行を避けたばかりでなく、世界の構造をめぐる哲学的議論への耽溺《たんでき》を避けた。この点においても、彼はニュートラルな中道の立場を貫いたのである。

仏教教団の基本的教理——四諦、八正道、縁起

釈迦の死後、仏教教団は、百年あるいは二百年の間に、伝承される釈迦の教えのポイントの整理を進めていった。キー概念は「中道」「四諦」「八正道」「縁起」である。中道についてはすでに紹介した。次に他の概念を見ていこう。

◎四　諦

「諦」はアキラメと読むが、このアキラメはギブ・アップの意味ではなく、「明らかにすること」である。

現実を直視しようというとき、何よりも大事なのは、自らのあり方そのものが煩悩によって突き動かされていることをクリアに見通すことである。これがクリアに見えてくると、適切な方法によって煩悩の苦を追い払いたいと思うようになるだろう。

四諦はこれを、四項目のセットとして示す。

①苦の本質を究め（苦諦《くたい》）、②苦が生まれる煩悩のプロセスを究めよう（集諦《じったい》）――苦が生まれる悪循環のテーゼ。

③苦からの解放をめざし（滅諦《めったい》）、④適切な道に従って修行しよう（道諦《どうたい》）――苦を滅却する好循環のテーゼ。

四諦は病気の診断法に似ている。まず、病気を認識し（苦諦）、病因を特定し（集諦）、治癒の目標を立て（滅諦）、薬を処方する（道諦）のである。

別の比喩で言えば、四諦は、不景気に対する経済政策にも似ている。悪循環に陥った経済（苦諦／集諦）を、適切な経済政策によって好循環に変えよう（滅諦／道諦）というわけだ。

◎八正道

道諦に説かれた修行の指針が、八正道である。迷妄が苦を呼ぶ人生の悪循環を断つための修行法を八つにまとめて示した一種のメモ書きである。八つのポイントは、認識・意欲・言葉遣い・行動・生活・修養・注意・精神統一と、精神と行動の領域をまんべんなく尽くすものとなっている。

①適切な認識（正見《しょうけん》）……四諦をしっかり理解する
②適切な意欲（正思《しょうし》）……怒ったり傷つけたりしないという思いを抱く
③適切な言葉遣い（正語《しょうご》）……嘘や軽口にかまけない
④適切な行動（正業《しょうごう》）……殺生・盗み・邪淫を避ける
⑤適切な生活（正命《しょうみょう》）……衣食住をコントロールする
⑥適切な修養（正精進《しょうしょうじん》）……善を心がける

⑦適切な注意（正念《しょうねん》）…………心身をよく観察する
⑧適切な精神統一（正定《しょうじょう》）……欲望を離れるための瞑想を行なう

八方向におけるまんべんなき修行が大事なのである。このように、悟りが全生活的なものであれば、たくさんの具体的戒律によって日々の暮らしを律する必要があるだろう。それゆえ初期の仏教は、集団生活の中の戒律を重視した。

◎縁　起

苦の思いが生じたり消えたりするのは、本来、苦には実体がないからだ。というよりも、仏教の発想によれば、森羅万象が実体をもっていないのである。言い換えると、あらゆる物事は、原因と結果、あるいは条件や環境や文脈といった相互関係の中で成り立っている。そうした相互関係のことを縁起という。

仏教では縁起を、「これがあるとき、あれがある」「これが生ずるから、あれが生ずる」というふうに定式化する。

今日の日本語では、「縁起がいい」「縁起が悪い」「縁起をかつぐ」など、占いめいた意味合いで「縁起」という言葉を用いる。しかし、もともと縁起というのは、「縁《よ》って起こる」

という字義の通り、物事の因果関係を表わす言葉である。これを「茶柱が立ったから今日の運勢はいい」といった占い的な因果関係に限定してしまったのが、現代語の縁起なのである。出発点においては、この語にそのようなニュアンスはなかった。

釈迦は「十二支縁起」なるものを考察して悟ったとされるが、これもまた開祖より後の世代が整理してつくった公式だと文献学者は考えている。いちおう説明しておくと、これは「無明《むみょう》」(=無知)から始まって「老死」の苦に至るまで十二段階の因果関係を見ていくものだ。しかしその内容はかなり難しく、宗派や学者によって解釈が変わるので、詳しい説明は省くことにしよう。

仏教の標語――四法印

なお、悟りの要点を示した「四法印《しほういん》」と呼ばれる標語も伝わっている。仏教のキャッチフレーズである。内容的には四諦八正道と縁起を組み合わせたようなものである。

諸行無常《しょぎょうむじょう》　どんなものも変化してやまない
諸法無我《しょほうむが》　どんなものにも不変の実体はない
一切皆苦《いっさいかいく》　(迷いの人生においては)一切が苦だ

涅槃寂静《ねはんじゃくじょう》（悟りの人生においては）静かな安らぎがある

「諸行無常」は『平家物語』に語られる「祇園精舎の鐘の声、諸行無常の響きあり……」で有名である。ちなみにこの四法印に近い内容を「いろはうた」が次のように歌っている。

色は匂へど　散りぬるを　　物事は盛んになってもやがて衰微する
我が世誰ぞ　常ならむ　　誰にとっても不変はあり得ない
有為の奥山　今日越えて　　見かけばかりの現世の峠を今日越そう
浅き夢見じ　酔ひもせず　　迷いの夢に酔うことはもはやない

輪廻

縁起説や「諸法無我」の言葉が示すように、仏教の説くところでは、物事には実体がない。これは、この世界は幻想だというのとは異なる。実体がないなりに世界は存在している。同様に、古代インドの仏教徒は死後の世界のようなものについても、その存在自体を否定することはなかったように思われる。「死後の観念にこだわらない」のであって、「死後の観念を否定した」のではないのだ。西洋人は死後というと天国や地獄を思い浮かべるが、インド人の場合は輪廻転生である。仏典の伝えるところでは、釈迦も輪廻について語っている。出発点の仏教にとって輪廻説を本質的なものと見るかどうかは、学者によって解釈が分かれる。現代日本の僧侶の意識もさまざまなようだ。

テーラワーダ（上座部）仏教

学者は釈迦の入滅後数世代の仏教を便宜的に「原始仏教」と称している。この原始仏教も、時間の経過とともにさまざまなセクトが増えていった。そのセクトのひとつがスリランカに伝わり、そこからビルマ（ミャンマー）、カンボジア、タイに伝播して、今日「南伝仏教」となって残っている。

南伝仏教は元になったセクトの名をとってテーラワーダ仏教（漢訳では上座部仏教）などとも呼ばれる。一昔前、日本ではこれを小乗仏教と呼んでいたが、小乗（小さな、劣った乗り物）は蔑称であるので、今では用いない。

スリランカやタイのテーラワーダ仏教は、原始仏教の修行システムを受け継いでいる。僧侶は種々の戒律に従って教団内で修行をして暮らす。在家の一般信徒は、僧侶たちの生活を経済的に支える。古代には男性出家者の共同体も女性出家者の共同体もあったが、女性の出家の伝統は廃れてしまった。その復興はなかなか難しいようだ。

テーラワーダの戒律については第5章で詳しく見た。

テーラワーダ仏教の聖典（仏典、経典）を、パーリ仏典と呼ぶ。古代インドの言語のひとつであるパーリ語で書かれているからだ。これは百科事典なみの分量がある。戦前に全訳されたが（『南伝大蔵経』）、現代日本語訳も部分的に刊行されている（春秋社の『原始仏典』など）。

中村元訳の『ブッダのことば』『ブッダの真理のことば 感興のことば』『ブッダ最後の旅』『神々との対話』『悪魔との対話』『仏弟子の告白』『尼僧の告白』（岩波文庫）は、原始仏教の仏典の中でも、最古層に属するテキストの現代語訳である。『ブッダのことば』はスッタニパータ（経集）という経典、『ブッダの真理のことば 感興のことば』に含まれる「真理のことば」はダンマパダ（法句経）という経典、『ブッダ最後の旅』はマハーパリニッバーナ・スッタンタ（大般涅槃経）という経典を訳したものだ。

大乗仏教

現代まで存続している仏教は、ふたつの大宗派に分かれる。すでに紹介したテーラワーダ（上座部）仏教と、これから紹介する大乗仏教である。大乗仏教は東アジア（中国、韓国、日本、ベトナム、チベット、モンゴル）に広まっている。テーラワーダが南伝仏教であるのに対して、こちらは北伝仏教と呼ばれる。

仏教が二派に分かれたのは、西暦紀元前後に大乗仏教が一種の宗教改革を行なったからだ。大乗にもさまざまな派閥があったようで、いろいろな内容を含む。主な特徴を挙げよう。

まず、大乗の運動家たちは、自らの悟りを目指すのみならず、他者の救いのためにも尽力しよう、という目標を立てた。自利と利他をともに修めるのが大乗の理想なのだ。「大きな乗り物（マハーヤーナ）」という自称は、この万人救済の意欲を表わすものである。

振り返ってみれば、歴史上の釈迦は、自分の悟りを追求したばかりでなく、他人に教えを説いて人々の救済に尽くした。内向きと外向きの両方のベクトルをもっていた。大乗の運動家たちは、開祖のこの利他精神に学ぼうとしたということになる。

そういう意味で、大乗運動は一種の復興運動、つまり「開祖ルネサンス」であった。しかし、大乗仏教は万人救済のためにさまざまな信仰形態を採り込み、仏教の輪郭を大幅に変更したのだから、その点からすれば、これは「宗教改革」であり、一種の「新興宗教」だったのである。

なお、中国、日本など、東アジアには大乗以前の段階の仏教の要素も「小乗」の名のもとに伝えられている。ただし、伝統的には小乗よりも大乗のほうがレベルが上だとされてきた。

大乗の立場からすれば、小乗よりも自分たちのほうが釈迦の「真意」を伝えているということになる。しかし逆に、「大幅な改変を行なった大乗は仏教ではない。釈迦の教えを正しく伝えているのはテーラワーダのみである」とする意見も根強い。

テーラワーダのほうが最古層に近いことは確かである。だが「釈迦の真意」ということになると、要するに信仰の問題であって、客観的に判定する基準はない。水掛け論である。テーラワーダ仏教徒も大乗仏教徒も、自らの教えが権威ある釈迦の真理を伝えるものと信じている。それぞれの建前を尊重するしかない。

神話的ブッダと信仰

古い段階の様式を伝えるテーラワーダが、煩悩を脱却するための戒律の実践に集中しているのに対し、大乗仏教は、無数の神話的なブッダや菩薩を拝んで、その救済力にあやかるという信仰形式を大々的に採り込んでいる。

テーラワーダにおいてブッダといえば、原則として釈迦のみを指す。それに対して、大乗仏教は、広い宇宙のあちこちに無数のブッダがいるとの立場を取っている。そうしたブッダはみな、超能力をもつ神様のような存在である。神話的ブッダとして有名なのは、西方の極楽世界にいるとされる阿弥陀仏（阿弥陀如来）や、病を癒してくれるという薬師如来、奈良の大仏で有名な盧舎那仏《るしゃなぶつ》、曼荼羅の真ん中に描かれる大日如来《だいにちにょらい》などである（「如来」はブッダに対する称号のひとつである）。

大乗仏教における「神様」的な存在

仏《ブッダ》（＝如来）	仏教の説く究極の存在	釈迦牟尼仏、阿弥陀仏（極楽浄土の仏《ブッダ》：浄土宗や浄土真宗で念仏を唱える）、薬師如来（薬師寺の本尊）、盧舎那仏（奈良の大仏）、大日如来（真言宗の曼荼羅の中心に描かれる仏《ブッダ》）など
菩　薩	仏《ブッダ》になる直前の存在	観音菩薩（慈悲深い救済者）、文殊菩薩（智慧ある説法者）、弥勒菩薩（56億7千万年後の将来仏《ブッダ》）、地蔵菩薩（地獄などで衆生を救う）など
明　王	呪力が神格化されたもの	不動明王（衆生救済のために恐ろしい姿をとる）、愛染明王など
天	仏教を守護するヒンドゥー教の神々	帝釈天（インドラ神）、毘沙門天（クベーラ神）、弁才天（サラスヴァティー女神）、吉祥天（ラクシュミー女神）など

ブッダの候補生である利他の修行者を、菩薩（菩提薩埵《ぼだいさった》、ボーディサットヴァ）と呼ぶ。大乗の運動家自身はこの「菩薩」の定義にあてはまる。しかし、この菩薩にも神話的なイメージが付け加わり、観音菩薩、文殊菩薩、地蔵菩薩のような、カミサマ的な菩薩の信仰が広まった。

大乗仏教徒は、ブッダも菩薩もほとんど区別なく拝んでしまう。他に、明王と呼ばれる存在も、天と呼ばれるヒンドゥー教の神々のパワーも借りる。表を参照されたい。

ブッダや菩薩の信仰ばかりでなく、呪術的な信仰も活性化した。

古い仏教は呪術を頼りにすることを原則として禁じていたが、大乗仏教の仏典にはあちこちに呪文が書かれている。たとえば次の節で見るように、般若心経《はんにゃしんぎょう》にある「掲帝《ぎゃてい》　掲帝《ぎゃてい》　般羅掲帝《はらぎゃてい》　般羅僧掲帝《はらそうぎゃてい》　菩提僧莎訶《ぼうじそわか》」などがそれだ。大乗仏教の後期の形態である密教では、ご存じのとおり、護摩を焚いて加持祈禱を行なう。これなど、修行的な機能とマジックとしての機能をもっている。

大乗の運動家は、自分たちもまた、修行を続けることでブッダになれると考えた。ブッダになれるのは輪廻転生の果ての遠い未来だという立場もあるし、マジカルな儀礼を通じてすぐにもブッダになれるとする立場もある。

般若心経

大乗の運動家たちは、大般若経、般若心経、維摩経《ゆいまきょう》、法華経、華厳経《けごんぎょう》、無量寿経《むりょうじゅきょう》、大日経など、無数の仏典（お経）を編纂した。これらは釈迦が語ったものではまったくない。瞑想的ビジョンの中でブッダや菩薩がさまざまな教理を説く宗教ＳＦのようなものである。

最もポピュラーなお経である般若心経について解説しよう。

般若心経は玄奘三蔵《げんじょうさんぞう》（『西遊記』に出てくる僧である）が訳したもの（般若波羅蜜多心経《はんにゃはらみったしんぎょう》）が最も有名だ。漢字で三百字足らずの短いお経だから、これを暗唱している人も多い。耳なし芳一が全身に書いてもらって魔除けにしたように、般若心経の通常の用い方はほとんどマジカルといっていいようなものなのだが、しかし、その内容は本来哲学的なものである。

短いから、全文を書き写そう。①②……は便宜的な区分である。とくに太文字で記した部分に注目してほしい。

般若波羅蜜多心経《はんにゃはらみったしんぎょう》

①観自在菩薩《かんじざいぼさつ》　行深般若波羅蜜多時《ぎょうじんはんにゃはらみったじ》　照見五蘊皆空《しょうけんごうんかいくう》　度一切苦厄《どいっさいくやく》

②舎利子《しゃりし》　色不異空《しきふいくう》　空不異色《くうふいしき》　**色即是空**《しきそくぜくう》　**空即是色**《くうそくぜしき》　受想行識亦復如是《じゅそうぎょうしきやくぶにょぜ》　舎利子《しゃりし》　是《ぜ》諸法空相《しょほうくうそう》　不生不滅《ふしょうふめつ》　不垢不浄《ふくふじょう》　不増不減《ふぞうふげん》

③是故空中《ぜこくうちゅう》　無色《むしき》　無受想行識《むじゅそうぎょうしき》　**無**眼耳鼻舌身意《むげんにびぜっしんい》　**無**色声香味触法《むしきしょうこうみそくほう》　**無**眼界《むげんかい》　乃至**無**《ないしむ》意識界《いしきかい》　無無明《むむみょう》　亦無無明尽《やくむむみょうじん》　乃至無老死《ないしむろうし》　亦無老死尽《やくむろうしじん》　無苦集滅道《むくしゅうめつどう》　無智亦無得《むちやくむとく》

④以無所得故《いむしょとくこ》　菩提薩埵《ぼだいさった》　依般若波羅蜜多故《えはんにゃはらみったこ》　心無罣礙《しんむけいげ》　無罣礙故《むけいげこ》　無有恐怖《むうくふ》　遠離一切《おんりいっさい》顛倒夢想《てんどうむそう》　究竟涅槃《くきょうねはん》　三世諸仏《さんぜしょぶつ》　依般若波羅蜜多故《えはんにゃはらみったこ》　得阿耨多羅三藐三菩提《とくあのくたらさんみゃくさんぼだい》

⑤故知《こち》　般若波羅蜜多《はんにゃはらみった》　是大神呪《ぜだいじんしゅ》　是大明呪《ぜだいみょうしゅ》　是無上呪《ぜむじょうしゅ》　是無等等呪《ぜむとうどうしゅ》　能除一切苦《のうじょいっさいく》　真《しん》実不虚故《じっふここ》　説般若波羅蜜多呪《せっはんにゃはらみったしゅ》　即説呪曰《そくせつしゅわつ》　**掲帝**《ぎゃてい》　**掲帝**《ぎゃてい》　**般羅掲帝**《はらぎゃてい》　**般羅僧掲帝**《はらそうぎゃてい》　**菩提僧**《ぼうじそ》

莎訶《わか》　般若波羅蜜多心経《はんにゃはらみったしんぎょう》

①の部分は、この短いお経の主人公である観自在菩薩（＝観世音菩薩、観音菩薩）という神話的な修行者が「般若波羅蜜多」と呼ばれる最高の智慧の境地に立ったとき、「あらゆる現象はみな空《くう》だ」と見抜いた、という内容である。

この「空」は文字通りカラッポのことだ。数学のゼロに相当する。これはすでに説明した縁起の思想と関係がある。あらゆる現象は相互関係（縁起）によって成り立っているのであって、どのひとつの部分をとっても、実体がない、空だというのである。

大乗仏教は思想的にはこの「空」を強調するものだが、これは人生は虚しいという意味ではない。むしろ私たちのよく言う「あっけらかん」という感覚にも近く、こだわりのない、肯定的なニュアンスを帯びていることに注意しよう。

（なお、大乗仏教には六波羅蜜《ろくはらみつ》という思想がある。布施（与えること）、持戒（戒を守ること）、忍辱《にんにく》（忍耐すること）、精進（努力すること）、禅定《ぜんじょう》（瞑想すること）を般若（空の智慧をもつこと）によって徹底したものにするという、大乗の修行者の実践目標だ。たとえば「与える」ときにも、空すなわちカラッポの精神で与える。与えた、与えられたのしがらみを超越するのである。）

②の「色即是空」はよく耳にするフレーズだが、これもまた「セックスは空しい」という意味ではない。「物質現象はカラッポだ」という意味である。「色」は物質現象を意味する。物質現象はさまざまな要素の相互関係で成り立っているから、実体はないのである。

直後に「空即是色」と逆向きの書き方もされている。A＝BをB＝Aと書いただけだから、意味に違いはないのかもしれない。だが、通俗的には、しばしばこれは「実在はカラだ」→「カラではあるが実在だ」というふうに否定のニュアンスが肯定のニュアンスに転じたものだというふうに解釈されている。

大乗仏教は、世俗に背を向ける原始仏教とは逆に、俗界に前向きにアプローチしようというベクトルを具えている。このポジティブな転換を、色即是空・空即是色のスローガンのうちに読み取ろうというのである。

③では「無……無……」といろいろなものを「無」にしているが、これは伝統的な教団が唱えてきた哲学的な概念のいちいちを否定している部分である。「無苦集滅道」というフレーズも見えるだろう。聖なる真理である四諦（苦・集・滅・道）にも無がついているのである。この無の意味するところは、修行学校で教えるさまざまな観念に囚われてはいけないということだ。

④では、菩薩がブッダと同じ悟りに達したと言っているが、あらゆる修行者が結局はブッ

ダのレベルにまで行けるというのが、大乗の主張である。

⑤にある「掲帝《ぎゃてい》　掲帝《ぎゃてい》　般羅掲帝《はらぎゃてい》　般羅僧掲帝《はらそうぎゃてい》　菩提僧莎訶《ぼうじそわか》」は一種の呪文である。漢字に意味はない。サンスクリット語の「ガテー　ガテー　パーラガテー　パーラサンガテー　ボーディ　スヴァーハー」を音写したものだ。中村元・紀野一義はこれを「往ける者よ、往ける者よ、彼岸に往ける者よ、彼岸に全く往ける者よ、さとりよ、幸あれ」と訳している（『般若心経・金剛般若経』岩波文庫）。原語の意味が何であれ、これは呪文として唱えられたものだ。だから玄奘は意訳せずに音訳した。

すでに述べたように、悟りの機縁になるのであれば、呪文でも何でもOKとするのが大乗のやり方である。

法華経

法華経は大乗仏教のスピリットを封じ込めたお経として有名である。日本史の伝説上のプリンス、聖徳太子は、法華経の注記を書いたとされる（『法華義疏《ほっけぎしょ》』）。天台宗を開いた最澄は、法華経を最高のお経として称揚した。この天台宗の本山比叡山延暦寺で親鸞も日蓮も勉強した。

法華経はサンスクリット語で「サッダルマ・プンダリーカ・スートラ」という。白蓮華《びゃくれんげ》のようにすばらしい教えを説いた——要するに「最高の」——お経、という意味である。ただし、東アジアの仏教徒は、サンスクリット原文でこのお経に接してきたわけではない。西域の人、鳩摩羅什が五世紀の初めに訳した妙法蓮華経が、世界中で最も多くの人が読んだ法華経のバージョンである。

法華経を読んですぐに気づくことは、これが従来の教団の仏教（「小乗」）に対する皮肉やパロディに満ちていることである。法華経の前半部分は、教団内で修行に打ち込む小乗の修行者が、釈迦の説法によって、大乗の菩薩の道（利他の道）に目覚めていくという感動ドラマに費やされている。

このへんのノリは、お勉強のよくできる優等生やお仕事をよくこなす会社人間が、宗教の教えに触れて「私の人生は間違っていた！　勉強や仕事じゃなくて、慈悲と愛の実践こそが人生の大目標だ！」と感動の回心を果たすのとパターン的によく似ている。法華経の信者にはパワフルな行動主義者が多いが、法華経パワーの秘密が新宗教型の熱血回心ドラマにあるということがよくわかる。

法華経は、釈迦自身による「世紀の重大発表」を演劇的に描くお経である。すでに述べたように、仏教は教団内部で修行に励む段階（「小乗」）を経て大乗仏教の改革運動が始まったという歴史的経緯をもっている。後発の大乗としては、なぜ小乗と大乗の二種の教えがあるのか、なぜ小乗よりも大乗のほうが上なのかを、信徒たちに向けてわかりやすく説明する必要があった。法華経の解決法は、歴史上の釈迦を（時代錯誤的な形で）登場させて、開祖自身にこの点を説明させることだった。

法華経の中の釈迦はざっと次のように説明する。――小乗は予備的授業にすぎなかった。デキる者は必ずや小乗に飽き足らなくなって大乗に転ずるであろう。ただし、小乗も大乗も要するに方法論的な差でしかない。行き着くところはいっしょである。

法華経は聖書と同様、たとえ話が豊富なことで知られている。小乗と大乗を子供に与える玩具にたとえる「三車火宅《さんしゃかたく》の譬喩《ひゆ》」もそのひとつだ。

家が火事なのに、子供たちは遊び呆けていて門から出ない。そこで父親が「玩具があるぞ」と言って、子供たちを家から飛び出させる。救済のための方便である。その後父親は子供たちに立派な牛車をプレゼントする。火事はこの世の苦悩を、父親は釈迦を、子供は修行者を、各種の玩具は小乗と大乗の教えを表わす。火事から救われて与えられたプレゼントは万人救済の教えそのものであった。

「長者窮子《ちょうじゃぐうし》の譬喩」では、小乗の修行者が、愚かな家出息子に喩えられている。家出息子は零落した挙句に、とある邸宅で便所の汲み取り役として雇われる。実はそこは彼の実家なのだが、幼少時の家出なものだから、本人はそのことに気づかない。気持ちがすっかり賤《いや》しくなっている息子を、父親は段階を追って教育しようと考える。徐々に仕事を覚えさせて、番頭にまでとりたてて、最後に遺産を相続する。父親は釈迦、種々の仕事は小乗の修行、相続される遺産は法華経の教えである。

要するに、法華経は「釈迦のプレゼントは、ちょっとした修行の悟りなんかよりもはるかに大きなものだ」と言っているのである。それによると、釈迦のプレゼントとは究極的な万人の救済——正確にはあらゆる生物の成仏——である。あらゆる人間は菩薩の道を歩むべきである。そして釈迦は神話的な永遠のブッダとして我々を応援している。

それゆえ法華経は、法華経を読む者に菩薩としての自覚をもつよう促す内容をもち、聖書と同様の「宣教」的な性格を強く帯びている。なるほど、法華信仰を大々的に推し進めた日本の日蓮は、法華経を信じないと国難が来ると幕府に進言するなど、宣教者的な行動で有名であった。

さまざまな仏典、哲学、密教

大乗経典はいろいろある。般若心経以外にも「般若」(智慧)を冠する経典がいくつもあり、いずれも空を説く。維摩経は大乗の優位を演劇的に描く。のちに中央アジアで華厳経としてまとめられた経典群は、広漠たる悟りの境地を描く。浄土経典群(無量寿経、観無量寿経、阿弥陀経）は、阿弥陀と呼ばれるブッダの救済を説く。涅槃経にはあらゆる生物がもっている悟りの素質、仏性《ぶっしょう》が説かれている。

修行者が瞑想で得たビジョンや民間説話などを起源とするこれら大乗仏典は、真理として崇められた。同時代の哲学者たちは仏典の哲学的な分析を行ない、種々の高度な思想を組み上げた。

大乗の哲学者で有名なのは、西暦紀元二、三世紀頃に活躍したナーガールジュナ（龍樹）である。彼は一切の存在を「空」と見るロジックを哲学的に基礎づける『中論』を著わした。彼の学派を中観《ちゅうがん》派と呼ぶ。他に、人間の意識の構造を分析する唯識《ゆいしき》派という学派もある。

七世紀には密教の経典、大日経、金剛頂経《こんごうちょうきょう》が出現する。後期のインド大乗仏教の主流となる密教とは、ヒンドゥー教の神々の神話や儀礼や呪法を仏教的に転換したようなものである。チベットに伝わったのはこの密教であり、別の経路を通って中国にも伝わり、それが空海を通じて日本にも伝わって真言宗となった。ダライ・ラマで知られるチベット仏教と日本の真言宗とは親戚にあたるわけだ。

密教化した仏教は、やがてヒンドゥー教の教理の中にその痕跡を残しながらインドから消失する。ヒンドゥー教の立場からすれば、仏教というのは広漠たるインド思想の伝統の中に一時的に現われたラジカルな宗派であるにすぎないのだろう。

中国仏教

大乗仏教は西域（新疆《しんきょう》ウイグル自治区のあたり）を経由して東アジアに伝播した。すでに西暦一世紀には中国に届いている。中国人はそれから数世紀かけて、この西方から伝わってくる高度な思想をなんとか消化しようと努力した。

仏教の伝道者が中国に到着したときには、すでにこの地には、孔子や孟子の儒家思想や、老子や荘子の老荘思想など、高度な思想体系が存在していた。ひとつの文明の思想や生活様式が、別の文明の中に、わずかな数の知識人の伝来だけで完璧に移植されるなどということは、あり得ない。中国人は、輪廻を話半分にしか受け止めなかった。インド式の気の長い修行法や抽象的な哲学もピンとこなかった。世を棄てつつ経済的には俗世に依存する者に敬意を払うインド的観念も根付かなかった。しかしそれでも、仏教の瞑想の習慣は広まったし、漢語に訳された高度な仏教思想は中国人の頭脳や感性を刺激した。

仏典は続々と翻訳された。五世紀の鳩摩羅什と七世紀の玄奘が、優秀な翻訳者として知られている。理論家たちは大量にある仏典を釈迦が一代で説法したものと見なし、論理的な順序に沿って整理した。実際には仏典はほとんど一千年の長きにわたって生み出され続けてきた一大アーカイブズである。

中国の理論家たちのやったことは、たとえて言えば、紀元前のソクラテスから紀元後のアウグスティヌスまでの西洋哲学の内容の全部をソクラテスが一代で考えた個人思想史として分析したようなものである。

かくして中国には、インドの論文を研究する三論《さんろん》宗や法相《ほっそう》宗、法華経や華厳経などの重要な経典に焦点を当てて教理を展開する天台宗や華厳宗といった学問的な仏教宗派が成立した。しかし、学者仏教の体制は長続きせず、代わって土着化した実践仏教としての禅宗や浄土宗が流行しはじめた。これらは世俗の知識人や一般民衆の間に広く普及するようになった。今日の中国仏教は禅や浄土信仰の系列のものである。

日本への移入

六世紀中頃、中国から朝鮮半島や日本列島に仏教が——儒教や道教、政治制度、建築術などの先進技術とともに——伝わった。法隆寺、薬師寺、唐招提寺、興福寺、東大寺など、奈良盆地に栄える古代寺院には、律令国家を精神的・政治的にサポートすることが期待された。いわば文化国家のプロジェクトとして仏教が輸入されたからだ。これらの寺院では南都六宗と呼ばれる六つの学科（三論宗、成実《じょうじつ》宗、法相宗、倶舎《くしゃ》宗、華厳《けごん》宗、律《りつ》宗）を通じて、学者や学生が仏教の教理を研究していた。他に、民間の仏教実践者もいた。たとえば行基《ぎょうき》は全国を巡って庶民の救済に努めた。

九世紀には最澄と空海が中国に留学して、日本仏教に新たな動向をもたらした。奈良の徳《とく》一《いつ》という僧が「人間には成仏できない者もある」と主張したのに対し、最澄は天台法華の教えに従ってすべての衆生の成仏可能性を力説した。彼の開いた日本天台宗は、その後繁栄を続け、日本の学問仏教の中心となった。一方、空海は当時の中国で最新流行の教えであった密教をもたらした。彼の宗派を真言宗という。空海は天才肌であり、密教哲学の確立ばかりでなく、各地での土木事業の指導など、多方面で活躍している。

密教は病気平癒や悪霊退散などの呪術的儀礼を行なったので、日本人の心をつかんだ（密教は天台宗でも行なう）。法華信仰も広まり、法華経の写経やレクチャーが盛んに行なわれた。『源氏物語』（一一世紀）や後白河法皇が今様《いまよう》（当時流行の歌の様式）を集めて編んだとされる『梁塵秘抄《りょうじんひしょう》』（一二世紀）にも、法華経の話題が出てくる。

中世には、極楽浄土の阿弥陀仏の救いを信じる法然（浄土宗）、親鸞（浄土真宗）、一遍（時宗）、座禅を組んでじかに心を制する中国的スタイルの仏教である禅宗を奉じる栄西（臨済宗）、道元（曹洞宗）、天台の伝統を受け継ぎ法華経のみを救いとする日蓮（日蓮宗）など、強烈な仏教的人格をリーダーとする種々の宗派が独立する（一二・一三世紀）。

奈良仏教以来の古代の仏教修行者は種々の教えをまんべんなく学習するのを理想としてい

たのだが、鎌倉期の改革者たちは、ポイントを絞って、信仰を一点集中型のものにした。たとえば浄土系の教えによれば、南無阿弥陀仏と唱えて阿弥陀のパワーを信頼するだけで救われる。日蓮宗では、南無妙法蓮華経と唱えることが鍵となる。禅宗ではひたすら座禅に励む。こうした単純化は、大乗仏教の「大きな乗り物」の精神から見れば自然なものであるかもしれない。というのは、奈良仏教のように勉強仏教の形でたくさんの修行を行なうことは、一部のエリート階級にしかかなわないことだからである。

宗教というのは、なんだかやたらとややこしい教理や神学をもっているようでいて、簡単なひとつの実践に集約されたりもする。要するに人間の心や習慣にかかわるものだからである。そういうところが、科学などとは違っている。

中世にはこれらの新興の教団が隆盛を見たが、戦国を経て徳川時代になると、様子が変わってきた。徳川の厳格な統治機構は日本人の行動全般を拘束するようになり、教団は体制内に安住するしか存続の道がなくなった。日本人のほとんどは、村落伝来の行事、家の伝統、神社仏閣の崇拝、修験者などの祈禱、老荘儒仏の教えの信仰を混ぜ合わせたような宗教空間に暮らすようになった。そして仏教は葬式仏教化していったのである。

禅と浄土信仰

中国の仏教が結局、禅と浄土信仰に集約されたことはすでに述べた。これは日本でも踏襲された。ただ、日本では、チベット仏教と共通する密教も盛んであり、また、大乗の精神を集約したとされる法華経を奉じる天台系の思想、その中世版である日蓮宗も重要であり続けている。

①マジカルな密教、②自力で悟ることをめざす禅、③阿弥陀仏の他力を信じる浄土信仰、④社会全般の救済を強調する法華信仰、と、ある意味で日本仏教は、信仰形態の基本的パターンをまんべんなく具えているのである。

このうち、ゼン・ブディズムとして国際的に名高い禅と、悟りの宗教としては異質にも見える阿弥陀仏というカミサマの信仰について、簡単な説明を行なおう。

◎禅と公案

仏教は修行の体系として始まり、その中核にあるのは坐って瞑想する行であった。その瞑想行の部分を取り出して一宗派となしたのが禅宗である。そういう意味では、禅宗には何も特別なところはないはずなのだが、しかし、これは老荘思想以来の中国的神秘主義の伝統を引き継いだところがあり、理屈っぽいインド人の煩瑣なロジックは骨を抜かれた。東アジアの人間は阿吽《あうん》の呼吸で語ることを好むが、禅者の語りもそのようなものだ。彼らの営みを禅仏教と独立の名前で呼ぶことには意味がある。

同じく「悟り」をテーマとして掲げても、その方法論も、もしかしたらその実質も、さまざまに変わり得る。インド流から東アジア流まで、変幻自在である。

禅者はひたすら坐る（只管打坐《しかんたざ》）。この坐る身体のうちにブッダが具現するのである。頭で悟るのではなく、身体の形の中に悟りが現われるようにするのだ。

その悟りは師弟継承の形で伝授されるが、そのさいに、昔の禅者（主に中世の中国の禅者）の言行録を参考にすることもある。よく知られている語録としては『碧巌録《へきがんろく》』『無門関《むもんかん》』などがある。いわゆる禅語録であるが、これがまたナンセンスな話が多くて、一般人にはちんぷんかんぷんである。弟子に課題として与えられる禅の言葉を「公案」と呼ぶ（「公案」とはもともと中国の裁判所の判決文のことであり、判例のようなものだ）。

ある僧が和尚に聞く。「犬にも仏性がありますか」。和尚は答える。「無い」

（『無門関』一「趙州狗子」）

この問答にはバリエーションがあって、「有る」という答えもある。「犬は有るとか無いとか聞いても答えない」などという言葉もある。どうやら有るとか無いとか、命題のようなものにこだわっている我々自身の心が問われているようだ。

自己の心を問う、というところに主眼がある。問いそのものをはぐらかしているので、ナンセンスな問答――いわゆる禅問答――になるのである。

◎浄土信仰

禅は坐ることに集中する。これに対して浄土信仰では南無阿弥陀仏と唱えることに集中する。本来はどちらも、心を乱さなくするためのトレーニングのようなものである。

阿弥陀仏というのは西方にあるという極楽世界のブッダである。我々の世界は娑婆《しゃば》世界だ。これには苦や憂いが多いし、下手をすると来世は地獄道や畜生道に堕ちてしまう。しかし極楽世界は基本的に楽な世界であり、地獄や畜生の苦しみの心配がない。そこで死後は極楽世界にワープ（往生）できるように願う、というのが浄土信仰の基本的なモチーフである。

阿弥陀といい、憂いなき極楽のイメージといい、死後の転生といい、現代人から見ればすべて神話的ファンタジーである。だが、大事なのはこのファンタジーの中にある基本的な思考のモーメントだ。それは、阿弥陀仏というカミサマ、つまり人間ならざる宇宙的存在に一切を委ねるという形で、私たち自身の自己中心性を打ち破るベクトルを具えているのである。

ある意味で、悟るとは、自己中心性からの脱却だろう。自分が自分がとこだわるところに、あらゆる煩悩の根があるのだから。

親鸞は、阿弥陀への信仰を表明する念仏（南無阿弥陀仏）すらも、自力のはからいではなく、阿弥陀からの恵みであると捉えた。ここまで来ると、阿弥陀信仰もキリスト信仰も紙一重である。

宮沢賢治の中の仏教

現代日本人は「無宗教」を自認し、仏教に関する教養的な知識も乏しくなっている。それでも仏教的な思考はさまざまな形で日本人の血肉となっている。

宮沢賢治の有名な「雨ニモマケズ」には、原始仏教の理想と大乗仏教の理想が仲良く並んでいるので、確かめてみよう（便宜的に五つのパートに分けて示す）。

①雨ニモマケズ　風ニモマケズ
　雪ニモ夏ノ暑サニモマケヌ　丈夫ナカラダヲモチ

冒頭は序文である。ここに書かれた身体の理想は、賢治が結核を病んでいたことからくる正直な願いであろう。あるいは、彼が地元の名士の坊ちゃんであり、肉体労働をして暮らす農民たちの苦労を自分が本当には知らないということに対する「すまない」という気持ちから書かれたものかもしれない。

②慾ハナク　決シテ瞋《イカ》ラズ　イツモシヅカニワラッテヰル
一日ニ玄米四合ト　味噌ト少シノ野菜ヲタベ
アラユルコトヲ　ジブンヲカンジョウニ入レズニ
ヨクミキキシワカリ　ソシテワスレズ

「慾ハナク　決シテ瞋ラズ　イツモシヅカニワラッテヰル」は貪《とん》（むさぼり）、瞋《じん》（いかり）、癡《ち》（おろかさ）の克服だろう。これは原始仏教以来の悟りの目標である。愚かさとは仏教の真理を理解できない迷妄のことであるから、その克服は、いつも静かに笑っている悟りの境地となるのだ。「一日ニ玄米四合ト……」以下の三行も、それぞれ貪、瞋、癡の克服に相当する。

③野原ノ松ノ林ノ蔭ノ　小サナ萱《カヤ》ブキノ小屋ニヰテ

東ニ病気ノコドモアレバ　行ッテ看病シテヤリ
西ニツカレタ母アレバ　行ッテソノ稲ノ束ヲ負ヒ
南ニ死ニサウナ人アレバ　行ッテコハガラナクテモイヽトイヒ
北ニケンクヮヤソショウガアレバ　ツマラナイカラヤメロトイヒ

この部分には東西南北で救済に走る姿が描かれているが、これは大乗の菩薩の願いである。これが賢治の願いの中核部分をなしている。賢治は熱心な法華経の信者であった。すでに見たように、法華経は大乗仏教の菩薩の精神を称揚するお経だ。

④ヒデリノトキハ　ナミダヲナガシ
サムサノナツハ　オロオロアルキ
ミンナニデクノボートヨバレ
ホメラレモセズ　クニモサレズ

この部分は、いわば括弧書きの注記である。理想を求める者は必ず挫折を味わう。賢治はここに天候不順と他人の無理解という二種類の挫折を書いている。「ホメラレモセズ　クニモサレズ」というのはまるっきりの無視ということで、批判されたり攻撃されたりするよりも打撃が大きい。賢治は「そのようなひどい状況があるというのも、想定内のことだ」と言いたかったのだろう。

⑤サウイフモノニ　ワタシハナリタイ
　南無無辺行菩薩　南無上行菩薩
　南無多宝如来　南無妙法蓮華経　南無釈迦牟尼仏
　南無浄行菩薩　南無安立行菩薩

「サウイフモノニ　ワタシハナリタイ」は「デクノボーになりたい」という意味ではない。この文は①~④の全体にかかる。貪、瞋、癡を克服して東西南北で救済に尽力する、最悪の状況は百も承知の、そういう者に私はなりたい、ということだろう。

「雨ニモマケズ」は大乗の修行者（菩薩）としての誓願文である。この誓願の根拠となるのが「南無……」の部分である。中央に「南無妙法蓮華経」とある。「南無」は「~に帰依します」という意味。「なむみょうほうれんげきょう」とは、「私は法華経を信じます」という意味であり、日蓮宗ではこれをほとんど呪文のように連呼する。この連呼により法華経のパワーが作動し、宇宙が法華ワールドに転換されるのだ。「南無妙法蓮華経」の周囲に書かれた菩薩や仏の名前はいずれも法華経に登場するものである。賢治は法華経を根拠として、そのパワーにあやかりながら、仏教の理想を実践しようと誓ったのである。

宮沢賢治は非常に人気がある。東日本大震災のときには、「雨ニモマケズ」を思い出し、励みとした人も多いと聞く。賢治は熱心な日蓮宗の信徒であるが、『銀河鉄道の夜』『風の又三郎』『よだかの星』『虔十《けんじゅう》公園林』『ひかりの素足』『なめとこ山の熊』などの作品の宗教性については、宗派性を超えた普遍的なものが感じられ、宗教・宗派の別を問わず日本人全体に肯定的に受容されているようだ。

日本人は教理的な宗教は好まないが、文芸作品を通じた宗教的感興は大いに好む。村上春樹の作品にも宗教性がある。こうした傾向は、もともと多様な信仰形態を許容する大乗仏教の論理によって育まれたところがある。そもそも、日本人が好む法華経からして、かなり文学性の高い経典であった。

今日の日本人が「無宗教」で平気でいられることの理由のひとつには、宗教的な悟りのモチーフが、文学やアニメなどに描かれる宗教的心境のようなものに変容してしまったこともあるように思われるのだ。

インドやチベットや東南アジアと比較したとき、日本仏教の歴史には、仏教そのもののロジックを「換骨奪胎」していくような傾向が目立つ。南無阿弥陀仏の称名念仏や南無妙法蓮華経の唱題への切り詰め、そして非僧非俗の親鸞に見られるような戒律も修行も超越したような信心の形態ばかりではない。すでに中世には本覚思想といって、天台宗を中心に、ありのままの現実世界をそのまま悟りの世界として見ていくロジックが広がっていた。本覚のバリエーションの、草木までも成仏するという思想は中国に始まるようだが、日本で徹底された。植物までも成仏するとなると、「悟る」という言葉の意味もずいぶん広がったものだと思う。こういうのを仏教の堕落と見るか、発展と見るかは人それぞれだが、古代インドの文脈の中で誕生した仏教が、別の時代の別の環境で別のロジックを生み出すというのは少しも奇妙なことではない。ともあれ、仏教的理想が変形したからといって、日本人が理想というカテゴリーを失ったということではないのである。

5　ヒンドゥー教

インド文明の宗教

仏教、キリスト教、イスラム教と違ってヒンドゥー教には開祖がない。インド民族が太古の昔からなんとなくやってきた神々の信仰や儀礼の総体を、Hinduism（インド流儀、ヒンドゥー教）と呼んでいるのである。

ヒンドゥー教の起源は、それゆえ、はっきりしない。たいへんに古いところから見ていくと、インダス文明（紀元前二五〇〇～一五〇〇年頃）のモヘンジョダロ遺跡から出てきた印章には、神様らしき者が坐っている像があり、これなどは、後世のヒンドゥー教において重要な要素となったヨーガを思わせる。この遺跡にはまた、沐浴場らしきものがあり、現代のヒンドゥー寺院の沐浴場に似ている。有名なガンジス川の沐浴のように、水に入って身を浄めるのもまた、ヒンドゥー教の大事な儀礼のひとつだ。

インド文明は、こうした先史時代の文明の上に、紀元前一〇〇〇年頃から徐々に中央アジア方面から侵入してきたアーリア人の文明が重なってできている。インドの文語であるサンスクリット語や、東南アジアの仏典語となったパーリ語、そして今日のヒンディー語やベンガル語は、アーリア系の言語である。この言語はヨーロッパ諸語と祖先が同じだ。

たとえばヨーガ(yoga)という語は、語源的に英語のヨーク(yoke/くびき)と親戚である。この語の語根のもともとの意味は、「つなぐ」である。これが、心を一定につなぎとめておく行としてのヨーガや、耕作牛の首をつなぎとめるくびきの意味に変わったのである。

インド神話として知られているのも、アーリア人が故郷から持ち込んだ神話である。これを書き記した書物をヴェーダ(Veda)と呼ぶが、その意味は「知識」だ。これもまた、英語のwit(ウィット)やwise(賢い)などにつながる言葉である。

ヴェーダとは日本で言えば祝詞のようなものである。ここには数々の神の名がある。英雄神インドラ、火神アグニ、太陽神スールヤ、月神ヴァルナ、暴風雨神ルドラ、河神サラスヴァティーなどである。インドラは戦車に乗った武人の姿をもつ戦争の神であると同時に、雷をもって悪竜を退治し、水を解放して田畑を潤す豊穣神でもある。火神アグニは竈《かまど》の主であるから、家々で尊崇を受けた。ヴァルナは月の神だが天体運動の規則性の象徴でもあり、そこから司法の神の役割ももっていた。

古代の信仰は素朴であり、神々に動物犠牲などを捧げて、安寧を祈願するというものであった。祈りの儀式の専門家であるバラモンと呼ばれる祭司階級は、大きな権力をもつようになった。ヒンドゥー教の古層をとくにバラモン教と呼ぶのはそのためだ。

紀元前六世紀頃から、ウパニシャッドと称される哲学的な諸文献が編纂され始める。ウパニシャッド文献の中には、輪廻説の素朴な原型のようなものも、梵我一如《ぼんがいちにょ》、すなわちブラフマン（宇宙の根本原理）とアートマン（個人の本体）がイコールである、という深遠な思想も書かれている。

ウパニシャッドの哲学者たちが活躍を始めたころ、仏教やジャイナ教など、新タイプの自由思想もまた、出現するようになった。この時代は古代インド社会における百家争鳴の時代であったのだ。すでに資料編4で述べたように、仏教は神々の権威を相対化し、バラモンを頂点とする身分秩序からも距離を置いた。そういう意味では「異端」である。仏教とジャイナ教は、ふつう、ヒンドゥー教とは別の宗教として扱われる。

西暦紀元前後あたりから、世界中で民衆中心の宗教運動が活性化する。中国では道教教団が出現し、地中海世界ではキリスト教会が誕生した。仏教もまた、民衆的な要素を多々含む大乗仏教を派生させた。インドではその後仏教は廃れていったが、インド古来の神々とバラモンの祭儀の伝統は、民衆を主体とする宗教に姿を変えつつ、次第に隆盛を見るようになった。神々の顔ぶれが変わったり、動物犠牲をやめて不殺生の倫理を採り込んだりといった変化だ。現代のヒンドゥー教まで続く新たな信仰パターンが確立したのである。

ヴィシュヌとシヴァ

神々の人気には流行り廃りがあったが、紀元千年紀までに、ヴィシュヌとシヴァという二柱の神の信仰がヒンドゥー世界を二分するようになった。また、女神の信仰も盛んになった。ヴィシュヌ神は、十の姿に化身して現われるという、強大にして変幻自在な神だ。魚、亀、猪、人獅子（ライオンの頭をもつ人間）、矮人《わいじん》、クリシュナという牧童、パラシュラーマという人物、ラーマという英雄、仏教の開祖ブッダ、未来に出現する救世主カルキ、と、十の化身の神話が知られている。

このうちとくに有名なのは、クリシュナである。「マハーバーラタ」と呼ばれる神話的大叙事詩の中に、クリシュナが戦場で人生の意味に悩む王子アルジュナに対して哲学的な教えを説く、「バガヴァッド・ギーター」と呼ばれる小編が組み入れられている。これはヒンドゥー精神の粋を表わす聖典として、尊崇を集めている。

大叙事詩としてはもうひとつ、「ラーマーヤナ」があるが、これは魔王に幽閉された妻を解放する英雄ラーマの事績をうたったものである。近年インドで「ラーマーヤナ」がテレビ放送されたところ、民族主義的な気運が大いに盛り上がったと言われる。ハリウッドの『十戒』がアメリカ人の国民感情にマッチするという話はすでにしたが、どこの世界でも、宗教的神話とナショナリズムとは馬が合うのである。なお、神話の中でラーマに力を貸してくれた猿の将軍ハヌマーンは、孫悟空のモデルではないかと言われている。

シヴァ神は、ヴェーダにある暴風雨神ルドラに由来する神であり、古事記に描かれるスサノヲのような荒ぶる神である。シヴァはまた再生の神でもあり、豊穣や多産をつかさどる。台風の破壊のあとには植物が豊穣な成長を迎えるというわけである。シヴァはリンガと呼ばれる男根の像に象徴される。一種の生殖器崇拝である。それは豊穣を表わすと同時に、神の威力も表わすものであるらしい。

ヴィシュヌとシヴァとは同じ最高神の別の相である、という神学的主張もしばしば唱えられる。それによれば、世界は創造と破壊を繰り返しており、最高神はブラフマー（梵《ブラフマン》が神格化された姿）として世界を創造し、ヴィシュヌとして世界を維持し、シヴァとして世界を破壊するのだという。

ヒンドゥー教は多神教であるが、これには注釈が必要だ。信者は今自分が拝んでいる神を、宇宙の最高神として遇する。最高神は絶対的な存在であるから、一神教でいう唯一神に概念的に近い。つまり信仰の現場においては、多神教と一神教とは紙一重なのである。

これは別に不思議なことではないのかもしれない。大乗仏教には無数のブッダや菩薩がいるが、たとえば阿弥陀仏を念じる者にとって、他のブッダの存在は眼中にないだろう。だからこれはほとんど一神教信仰のようなものだと言える。多神教的な伝統の中に一神教のモーメントがあるのだ。

また、ユダヤ教、キリスト教、イスラム教のそれぞれの神は同じひとつの神であるはずなのだが、実際にはかなり異なる内容の神話を背負い、かなり異なる形の信仰を受けている。少なくともヴィシュヌとシヴァくらいには違っているように感じられる。一神教三兄弟をセットにして眺めると、それぞれは一神教を建前としながら、多神教の三部門のような外観を呈しているのである。

（なお、ヴィシュヌやクリシュナ、あるいはシヴァを極彩色で描いた神々の図像を、読者もどこかで見たことがあるに違いない――たとえばエスニック小物店などで。パールヴァティー（シヴァの妃）、ラクシュミー（富と豊穣と家庭の女神）、サラスヴァティー（河神だが学問と文芸の神でもある、弁才天）など、女神の絵も豊富にある。神々はしばしば複数の手をもっており、複数の顔のある神もいるが、これはもちろん――千手観音の千本の手と同様の――神のパワーの象徴表現である。こうした極彩色の画像そのものは、実は一九世紀末にカトリックの聖像画――十字架上のキリストや幼子イエスを抱いたマリアなど――の影響で出来上がったものなのだそうだ（長谷川明『インド神話入門』新潮社)。いかにも「インド的」という感じの絵であるが、ボリウッド(インドの映画産業)と同様、現代西洋文化の影響下に生まれたものであることに注意されたい。)

カースト、輪廻、ヨーガ、バクティ

ヒンドゥー教はさまざまな信仰の総体であるが、そうした多様性を超えて、インド世界にはインド世界としての信仰上の特徴や共通項がある。

ヒンドゥー教徒の人生の目的とされるのは、ダルマ(宗教的社会規範)、アルタ(実利もしくは政治)、カーマ(性愛や優美さ)の追求である。実利や性愛など「世俗」的な目的も含まれているあたり、ヒンドゥー教が(仏教やキリスト教と違って)イスラム教に似た「総合ライフスタイル」的な性格をもっている証拠と言えるだろう。

宗教的な社会的秩序をなすものとしては、身分・階級制度がもともと重視された。いわゆるカースト制度だ。インドには二千から三千の閉鎖的な職能や身分秩序の「単位」があると言われるが、それらは理論的には上からバラモン(司祭階級)、クシャトリヤ(武士階級)、ヴァイシャ(農牧民・商人階級)、シュードラ(隷民階級)の四つのカテゴリーに分類される(他にカテゴリー外の不可触民がある)。四つの身分は紀元前二〇〇~紀元後二〇〇年頃に成立した宗教的法典である「マヌ法典」によって規定されている。カーストは悪名高い制度だが、歴史的にヒンドゥー教徒が、多かれ少なかれこうした社会秩序の中で分を守って暮らすことを良しとしてきたことはまちがいない。

次に、死後も含めた世界観として、輪廻転生がある。迷いのある普通の人間は、いつまでも生まれ変わりを繰り返すのだという。現代の欧米社会には、そしてその影響を受けて日本でも、輪廻を語る霊媒のような人が増えてきたが、そこで語られる輪廻は、いつまでも人生を送れる――しかも罰で地獄に落とされることもない――という、楽天的で欲張りなものだ。しかし、インドなどで語られてきた古典的輪廻は、善き生を送れば善き生に、悪しき生を送れば悪しき生に向かう、倫理的にして深刻なものであった。そうだからこそ、仏教でもヒンドゥー教でも、修行によって業《ごう》を払うことを求めたのである。

では、ヒンドゥー教の宗教的理想はどのような形をとっているのだろうか。

ひとつは、今述べた、輪廻からの解脱を果たすための修行である。修行法としてはヨーガがある。これは仏教の座禅などの瞑想法と同種のものである。心身を統一して煩悩を断って解脱の境地に向かうというテーマ自体は、仏教とそんなに違うわけではない。ただし、ヨーガは身体内に精神のツボのようなチャクラを想定するなど、行法を支える理論は仏教と異なる。身体の保ち方、つまり体勢も異なる。また、仏教はあらゆるものが無実体であると主張するが、ヒンドゥー教は神々の存在を認めている。だから瞑想の果ての境地も自ずから違っている。ヨーガにもいろいろあり、心身を鎮める方向に向かうのが標準であるが、心身を活性化してついでに超能力を得ることを目指すものもある。

他方、民衆にとっては、神々への熱烈な信愛（バクティ）がヒンドゥー教の実践の主流となっている。バクティとは、神と人間との間で交感してしまおうという情念である。ヴィシュヌやシヴァなど、自らが最高神と仰ぐ存在を熱烈に讃えるのである。中世には各地でたくさんのバクティ文学が書かれた。バクティは、仏教やジャイナ教から平等思想や利他の思想の影響を受けているとも言われる。バクティはカーストを超えて広がり、救済は下層社会にも及ぶようになった。神への献身によって解脱を目指す者には、カーストの別はないという思想も生まれた。

民族宗教であるヒンドゥー教は、差別主義的なものから平等主義的なものまで、種々の土着の慣習の総体である。だから教えのコアがどこにあるのかを述べるのは難しい。

カースト制度などは現代人の正義の観念に合わないが、これがヒンドゥー教の必須の要素とされているわけではない。逆に、愛を説くキリスト教がユダヤ人を迫害したり、「魔女」を裁判にかけたり、西洋の植民地支配を正当化したりと、やはり現代的には正義にもとることを実践してきたことも事実である。

ちょうど文明や文化というものが善きものも悪しきものも含んでいるように、宗教もまた

――多神教も一神教も、民族宗教も世界布教をめざす宗教も――、善きものと悪しきものとの合成体としか言いようのない性格をもっていることに注意したい。

ガンディー、ヒッピー、現代インド

南アフリカやインドの植民地で過酷な差別を行なってきた英国に対して非暴力闘争を展開したマハトマ・ガンディーは、ヒンドゥー教徒である。彼は聖典「バガヴァッド・ギーター」を暗唱し、また、民衆のバクティの思想から学んだ。彼の行動は植民地解放闘争のみならず、たとえばアメリカの黒人解放運動を行なって凶弾に斃《たお》れたマーティン・ルーサー・キング・ジュニア牧師など、さまざまな宗教の運動家たちにインスピレーションを与えている。しかしガンディーはまた、英国で教育を受けた弁護士であり、その意味ではすでに合理化された現代キリスト教文明の決定的な影響下にあった。彼はトルストイからも影響を受けている。

このように、現代においては、宗教どうしの関係はかなり複雑になってきている。単純に「〇〇教はこんなものである」とは決めつけられなくなっている。一九七〇年代前後には、欧米の多くの若者たち（いわゆるヒッピー）が非西洋的な精神世界を求めてインドのグル（導師）の門を叩いた。そのインドも、中国と同様、今ではすっかり工業化が進み、大気汚染などはかつての高度経済成長時代の日本並みである。「悠久の時が流れるインド」は急速に過去のものとなりつつある。

なお、インドで生まれた宗教としては、他にジャイナ教（釈迦と同時代の開祖をもち、仏教に部分的によく似た教理をもつ）やシク教（一五世紀にイスラム教スーフィズムとの接点で生まれたカースト否定の改革派宗教）がある。相対的に小さな伝統であり、ヒンドゥー教に近いものであるので、本書では紹介を割愛した。

6　儒教と道教

小宇宙としての東アジア

「インド亜大陸」という言葉があるように、インドの多神教世界は、一個の小世界、小宇宙である。そうだとしたら、ヒマラヤ山脈とタクラマカンやゴビの砂漠によってユーラシアの他の部分と切り離されている東アジア地域は、いっそう小宇宙的な様相を呈していると言えるかもしれない。もちろん、シルクロード経由でインドやペルシアの文化が入ってきているし、匈奴や蒙古など周辺民族が繰り返し入ってきたのだから、他地域との交流は常にあったのだが、それでも、「中国亜大陸」の孤立性が相対的に高いことは疑いない。

そのことを端的に示すのが、文字のシステムである。現在世界中で用いられているさまざまな文字のほとんどは、エジプト象形文字の子孫だ。詳しい解説は省くが、西洋のラテン文字も、ロシア文字も、中東のヘブライ文字やアラビア文字も、インドから東南アジアにかけて二十種ほどもある文字システムも、系譜を遡るとすべてエジプト文字に行きつく。これに対して東アジアは「漢字文化圏」である。漢字はエジプト文字とは無関係に誕生した甲骨文字の子孫だ。日本の仮名やベトナムの旧文字体系（チュノム）は漢字の変形もしくは崩しである。韓国では中世の学者がつくった音声学的な記号であるハングルを用いているが、昔の公文書は漢字を用いた漢文であった。

宗教の伝播はしばしば文字システムの伝播を伴う。古代・中世において文字を世界各地に伝播したのは（帳簿をつける商人のこともあるが）、知識人である聖職者の場合が多かった。タイ文字もビルマ文字もテーラワーダの坊様たちがパーリ仏典とともにインドから仕入れた文字体系が変化したものである。

というわけで、文字において孤立している東アジアは、宗教においても孤立の度合いが大きい。この地域の心と社会をリードしてきたのは儒教である。これは、釈迦より百年近く前の人間である孔子が開いたものだ。他方、民間の神々の信仰が、紀元二世紀頃から道教として組織されるようになる。儒教と道教は、それぞれ公と私、エリートと民衆など、世の中の陰陽二局面を代表しながら、相補的な形で発展を続けた。

西暦紀元後に数百年を費やして陸続と移入され続けた仏教は、やがて禅や浄土信仰の形で中国人の精神世界に定着していく。仏教は儒教・道教の織りなす陰陽の図柄に半ば埋没した状態で、今日に至っている。

それが今日の東アジア、とくに中国や韓国などの宗教の状況である。つまりこの地域では、儒教・道教・仏教が融合しているのだ。こうした宗教分布のあり方は、世界の他地域とはずいぶん異なる。世界のほとんどの地域では、たいていひとつの宗教が地域を独占的に支配してきた。諸教が混在している場合も、ひとりの人間、ひとつの家族、事によるとひとつの村は、ひとつの宗教のみを奉じてきた。だが、東アジアでは、儒教徒と道教徒と仏教徒とを画然と分けることにあまり意味がない。日本でも、仏教の檀家と神社の氏子を分離することは意味をなさないが、それと同じだ。

儒教と道教——概念の曖昧さ

儒教と道教に関しては、概念をめぐる補足説明が必要である。

第一に、儒教というと、道徳あるいは政治的イデオロギーとしての性格が目につき、あまり宗教らしい感じがしない。たとえば日本では徳川時代に儒教が武家の道徳として浸透し、これは日本文化の重要な構成要素となったのだが、それでも「日本の宗教」について概説風に語るとき、儒教を仏教や神道と並ぶ「宗教」として紹介することはほとんどない。

しかし、本家の中国における儒教文化は、祖先の霊を祀る、はっきりと「霊」的な性格をもつ「宗教」である。そもそも「儒」というのは祖先の霊を呼び出すシャーマンであった。孔子はそうした儒の儀礼の実践のうちに人倫を正しくするタネを見出した倫理的改革者だったのである。

（なお、日本のサムライの儒教は「忠」に力点を置いているが、中国や韓国ではもっと家庭主義的であって「孝」のほうが大事である。日本の血族の結合は中国や韓国よりもはるかに希薄であり、昔から家業を無能な息子よりも有能な番頭に継がせる習慣があったくらいだ。ちなみに日本仏教で用いる位牌は、本来は儒教の呪物である。古代中国では死者の頭蓋骨を遺族がかぶって憑依状態となってお祀りした。その頭蓋骨がやがて仮面となり木片となり、それがいつの間にか日本に伝わって仏教の小道具となったのが位牌なのである。）

6　儒教と道教

道教という概念にも曖昧さがある。道教では老子が神格化されているので、中国哲学でいう老荘思想（道家思想）イコール宗教としての道教だと考えたくなるが、実際に道教と呼ばれるものの系譜をたどっていくと、老荘思想に由来するもの、儒家思想に由来するもの、易や陰陽説や五行説に由来するもの、占星術の類、養生術の類とありとあらゆるものが流入しており、あえて老荘と道教とを結びつける積極的な理由はない。

とくに英語でタオイズム（Taoism）と呼ばれているものは、老荘思想と宗教としての道教をいっしょくたにしたものである。タオイズムの曖昧さは、東アジアの精神状況全般に見られる、哲学だか道徳だか宗教だか習俗だかわからないというような曖昧さを反映したものだと言えるかもしれない。

孔子と儀礼

すでに繰り返し述べたように、西暦紀元前五世紀前後は、ギリシア、ヘブライ、インド、中国と、世界中で思想的偉人が出現した特異な時期である。彼らはいずれも以後の地域文化のあり方に決定的な刻印を与えた。ギリシアの哲人は徹底的な議論の習慣をもたらし、ヘブライの預言者は国家社会を超えた高みから（つまり神の視点で）社会正義を追求する思考をもたらした。そして釈迦は悟りをめざす心身のコントロールを教え、孔子は人間社会の根本原理としての儀礼や礼儀の意義を説いたのである。いずれも今日なお有効な原理である。

これらの中で、孔子の主張は比較的無視されやすい。孔子はふつう、古代中国の祖先祭祀の伝統を改良して、そうした儀礼的伝統に「仁」（まごころ）を加えた、というふうに紹介される。しかし、そうした儀礼主義は、ローカルな習慣や身分秩序的な制度を強化したにすぎないと思われやすい。

たしかに儒教は保守的であり、中国王朝や日本の天皇家や徳川家のヒエラルキーに寄与したことは間違いない。「君子」と「小人」の区別だって、エリート主義的だと言えそうだ。

それでも、人間の行なっていることの大半が、お辞儀や握手や言葉づかいなどからはじまって、国家間の外交辞令や軍と軍との衝突回避策に至るまで、無数の「儀礼」ないし「マナー」の集積であることは無視し得ない。人間が身体的な存在であり、また他人とコミュニケーションをとる存在である以上、儀礼という身体的で共同体的なパフォーマンスには、「思想」と並ぶ根本的意義があるはずだ。日本ではさまざまな芸事や精神修養の道において儀礼的な所作が重視されているが、これを思えば、マナーを強調した孔子の思想の意義も理解できるというものだ。

論語に書かれている孔子の教えはさりげないものばかりで、これまた軽んじられがちなのだが、よく味わってみれば、なかなか不思議な魅力をもった教えである。

> 祭ること在《いま》すが如くし、神を祭ること神在すが如くす。子の曰《のたま》わく、吾《わ》れ祭に与らざれば、祭らざるが如し。
>
> （金谷治訳注『論語』「八佾《はちいつ》第三」一二、岩波文庫）

これによれば、孔子は、先祖や神をお祀りするときは、あたかも先祖や神がそこにいるかのように振る舞った。そして自分が参加しなかったならば、儀礼そのものが無かったように感じたという。

この言葉を記録した者は、どうやら先祖や神が（現にそこに）実在するかどうかという神学的議論には興味がなかったらしい。それよりも儀礼の実在が大事である。しかも、自分自身の参加が大事である。先祖や神がそこにいるかのように振る舞うという行為のうちに、意義がある。

神ではなく自分に、観念ではなく身体的行為に、アクセントが置かれているのだ。こういうのは、キリスト教の「神の信仰」とはずいぶん違った思考法である。

そんな孔子は、儀礼とならんで音楽も重視した。あるとき彼は、あまりにすばらしい音楽を聞いて驚嘆する。三か月、肉を食べても味がわからなかったというほどだ。「図らざりき、楽を為すことの斯《ここ》に至らんとは（思いもよらなかった、音楽というものがこれほどすばらしいとは）」（同「述而《じゅつじ》第七」一三）。儀礼のパフォーマンスを重視するメンタリティは、音楽というパフォーマンスに感性的に同調してしまう精神だったのである。

この感性と精神性は、おそらく若い人も含めて、日本人には共感しやすいものなのではないだろうか。儀礼や音楽への入れ込みようは不思議にも思われるが、ギリシアの討論、ヘブライの預言、インドの悟りよりも日本人の宗教的感性に合致しているとは言えそうだ。

道徳経の逆説と民衆の救済

儒学は人間の仁愛や礼儀や孝や忠の道を説いたが、世界観に比較的屈折がない。その意味で社会体制に対して順応的になりがちであり、社会の矛盾の狭間にあって落ち込んでしまった人の救いにはなりにくい性格をもっていると言える。儒教はあまり救済主義的ではない。

この点で、哲学的な老荘思想も、民間信仰的な道教の思想も、救済宗教としての性格を共有していると言える。

老子は孔子よりも後の世代に属すると推定される人物だが（正確な生没年は不明）、彼が書いたとされる道徳経《どうとくきょう》には、「大道廃れて仁義あり」（人間の本当の道が廃れたとき、仁だの義だのさかしらなことを唱える奴が出てくる）などといった言葉があり、儒教的なストレートな思考に対して逆説的な発想で対抗している。

実際、道徳経の思想には神秘主義的なところがある。「道の道う《い》べきは、常の道に非ず」（真の道が語れるようでは、そんなものは道ではない）。真実は言葉で捉え難いのだ。これはのちに禅者が悟りの、言語を絶した性格を強調したことの前触れとも言える。

民衆宗教としての道教は、神に病気の平癒を祈ったりするなど、マジカルな性格のものであった。これもまた、キリスト教やイスラム教、大乗仏教やヒンドゥー教といった救済宗教に通ずる性格である。実際、世界各地にこうした救済宗教が登場した同じ時期に、道教教団もまた出現したのであった。
まず、二世紀に、太平道《たいへいどう》と呼ばれる教団が現われる。信仰治療を行なう救いの宗教だ。これはやがて強大な組織になり、後漢の国家体制をゆるがす反乱を行なった。信者たちが黄色い布をマークにしていたので黄巾《こうきん》の乱と呼ばれる（一八四年）。その後、五斗米道《ごとべいどう》という教団が現われ、五世紀には新天師道《しんてんしどう》という教団となり、唐代には国家の保護を受けるまでになる。

道教教団は、外来の仏教のシステムをモデルにして、次第に儀礼、教理、経典を整備していった。道教の寺院は道観、祭司ないし修行者は道士、道教の典籍は道蔵《どうぞう》と呼ばれる。

神々は無数にいるが、さまざまな民間信仰を採り入れているので、かなり混乱した印象を受ける。すでに第2章で一部を紹介したが、神々の数はもっともっと多い。窪徳忠氏の著作（『道教の神々』平河出版社）から、いくつか興味深い神々の名前を拾ってみよう。

幾分抽象的な始原神・最高神タイプの神々としては、元始天尊《げんしてんそん》や玉皇上帝《ぎょくこうじょうてい》などがいる。老子を神格化した太上老君《たいじょうろうくん》も最高神に近い。黄帝《こうてい》、西王母《せいおうぼ》、神農氏《しんのうし》もエキセントリックな支配者タイプの神だ。

自然の神格化であるものとしては、星神である北極紫微《しび》大帝、北斗真君《しんくん》、南極老人星などがある。三官大帝は天・地・水の支配者である。イナゴの害から農業を守るのは劉猛《りゅうもう》将軍だ。

日照りから救うのは雨師《うし》である。雨乞いの対象は竜王だ。九天応元雷声普化天尊《きゅうてんおうげんらいせいふかてんそん》は雷神のボスだ。風の神、風伯《ふうはく》というのもいる。他にも自然神はたくさんあり、洞庭《どうてい》湖も洞庭君という神様だという。泰山《たいざん》の神、東岳《とうがく》大帝も尊崇を受けている。

火の神は火祖などと呼ばれる。竈の神は竈神爺《そうしんや》である。土地爺《とちや》は土地の神である。屋敷を悪鬼から守る門神などもいる。鍾馗《しょうき》は邪気を払う。

職業神としては、大工や左官の神とされる巧聖先師《こうせい》、一般に航海の守護神とされる媽祖《まそ》（天上聖母）などがいる。楊貴妃を寵愛した唐の玄宗皇帝は音楽を保護したので、音楽や演劇の神様となって西秦王爺《せいしんおうや》と呼ばれる。

医療関係では、彭祖《ほうそ》は長命を得る薬を作る錬丹術のエキスパート、保生《ほせい》大帝や華佗《かだ》は神格化された医者だ。臨水夫人《りんすいふじん》はお産の女神。他にも娘娘《ニャンニャン》と呼ばれる医療や子授けなどの女神たちが大勢いる。

死後をめぐっては仏教から借りてきた十人の閻魔王がいる。地獄で人々を救う太乙救苦天尊《たいいつきゅうくてんそん》という救済神もいる。難産で亡くなった女性は、血の池地獄の救済神、池頭《ちとう》夫人の救済を頼むことになる。

神的人物（神仙）としては、呂洞賓《りょどうひん》（孚佑《ふゆう》帝君）などの八仙が有名だという。王重陽《おうちょうよう》は一二世紀の全真《ぜんしん》教（道教の一派）の開祖。釣りで有名な太公望呂尚《たいこうぼうりょしょう》も神格化されている。関羽が神格化された関聖帝君《かんせいていくん》は武神でもあり、財神でもある。財神は他にもいる。ちなみに、『西遊記』に出てくる猿の孫悟空も、斉天大聖《せいてんたいせい》という神となっている。

儒教が儀礼を重んじるように、道教でもマジカルな儀礼を重んじる。座禅やヨーガに相当する心身コントロールの技法としては、調息《ちょうそく》と呼ばれる呼吸法や、種々の健康法がある。房中《ぼうちゅう》と呼ばれるセックステクニックや、不老長寿をめざして薬を調合する錬丹術もあり、極めて呪術的である。いずれにせよ、キリスト教的な精神的禁欲主義とは違った感性の世界が開けているのである。

ざっと以上のようなものが、世界の人口の四分の一近くを占める中華小宇宙の宗教的感性なのだ。宗教の「単位」もはっきりせず、宗教と世俗的制度の違いも曖昧である。日本人は自らを「無宗教」と認識しているが、東アジア全体の伝統を見渡せば、日本の宗教的感性の曖昧さが決して特異なものではないことが見えてくるのではないだろうか。

7　神道と日本の民俗的世界

太古のことはわからない

日本もまた多神教地帯だ。八百万《やおよろず》の神などという言葉もあるくらいだ。だから日本の宗教の状況もまた、中国などと同様、多層的であって説明しにくい。

日本宗教史をコンパクトに見ていくとなると、やはり、固有の神々を祀る伝統（いわゆる神道）と、外来の仏教、儒教、道教、キリスト教との相互関係の歴史として整理するしかないだろう。このゲームにおける代表的な駒は、仏教と神道である。

仏教は土着化するにつれて、悟りの峻厳性や絶対性を弱めていき、日本文化の彩《いろどり》のようなものになっていく。だが、それを、神道という「固有の宗教」の精神が外来文化に勝利していく過程として描くわけにはいかない。というのは、神道は仏教など外来の宗教からいろいろなものを採り込むことによって自らの輪郭をつくってきたようなところがあるからである。
今日の神主さんの格好は、唐代の中国の服装に似ている。神社建築もまた、渡来の寺院建築に影響されて生まれたものであるらしい。古事記の序文には「それ、混元既に凝りて、気象未だ効《あらわ》れず、名も無く為《わざ》も無し。誰れかその形を知らむ。然れども、乾坤《けんこん》初めて分れて、参神造化の首《はじめ》となり、陰陽ここに開けて、二霊群品《ぐんぴん》の祖《おや》となりき」と書かれているが、ここにある「気」「乾坤」「陰陽」はどれも中国思想のタームである。

では、漢字文化からの影響のない太古の昔の信仰はどのようなものであったのか。それはぜひとも知りたいところだが、漢字文化以前の無文字社会において、人々が具体的に何をどう信仰していたのかを知ることは、厳密には不可能である。縄文人は森林とともに生きていたというイメージから、大自然の霊と共感しあう地球フレンドリーな宗教をもっていたかのように言われることもあるが、これは現代人のエコロジー信仰を過去に投影したものだ。

序章で述べたように、カミという言葉は、文献上のその使用法から推定する限り、基本的には威圧的な、おそろしいパワーを指すものであったらしい。猛獣とか、雷のような自然現象とか、人間に取り憑く霊威とか、威厳ある祖先とか、天皇とかである。

カミが恵み深い優しきもののイメージを獲得したのは後代のことである。まず、外来の仏教から、救済者であるホトケのイメージが流入した。徳川時代には七福神のようなめでたい神々の信仰も流行するようになり（七柱のうち六柱までが実は仏教・道教系の神だ）、幕末には天理教や金光教など新宗教の救済神が登場した。この時点で、すでにカミは慈悲深いものとなっており、一神教的救済神の性格すらもつようになっている。

というわけで、現代人と古代人とでは、カミという言葉が喚起するイメージはまるで違うはずである。伊勢神宮など各地の神社は、今日、パワースポットとして人気が高いが、神社側はこうしたブームに対して否定的な見解を述べている。というのは、たとえば伊勢にいますのは国民が畏《つつし》んで日々の安寧をご報告すべき神なのであって、パワーだの癒しだのを願うべき神ではないからである。神社側が古いカミ観を保持しようとしていることは言うまでもない。現代人はだんだんカミサマに甘えるようになってきているのだ。

仏教の優位と本地垂迹説

大化の改新や平城京の時代に、大和朝廷は中国文化の移入に努めたが、その中には儒教、道教、仏教が含まれていた。帰化人も多く、文化がほとんど人間ごと移植されたようなものであった。当時は中国でも仏教が最新式の深遠な哲学として絶大な権威をもっていたから、日本人もこれに本気で取り組んだ。文化には紙の製法から建築技術までが含まれており、奈良盆地に続々出現した高度な寺院建築は、土着の日本人を圧倒した。かくして土着の神々も大きな社を建ててもらうようになる。伊勢神宮や出雲大社などである。

日本列島各地にはさまざまな神話が語られていただろうが、古事記も日本書紀も、基本的には天皇家の威信を高めるために編纂されたものである。だから、各エピソードのストーリーも、原始時代のオリジナルとは違っているはずだ。天皇家は仏教輸入のスポンサーであるが、その天皇家を権威づけるためには、土着の神話を天皇家向けに整備する必要があったのだ。

天皇家が仏教と神道の両方にかかわっているという事実に表われているように、歴史を通じて、基本的に仏教と神道は両立し、補完しあう間柄であり続けた。ただし、哲理としては、インドと中国の千年間の思想的蓄積によって高度化している仏教思想に、無文字社会の神信仰がかなうはずもなかった。スーパーコンピューターに算盤で対抗するようなものだからだ。だからまず、神学レベルでは、仏教の宇宙観の中に、神道の神々を位置付けるという形で、議論がスタートした。

ブッダと神との関係に関して考えられるパターンは、①神がブッダの救いを求める、②神がブッダの教えを守護する、③神は実はブッダの変身した姿である、の三つである。歴史的に、この順序に沿って神々の地位が向上していった。

八幡大菩薩のように「～菩薩」と呼ばれているのは、仏法の守護者となった神だ。熊野権現のように「～権現」と呼ばれているのは、ブッダの現われとしての神だ（権現はブッダの化身した姿）。名前がどうであれ、格の高い神々は、ブッダとしての本体を与えられるようになった。たとえば、天照大神のオリジナルは大日如来という密教のブッダだということになった。このように神の本体をブッダと解釈するロジックのことを、本地《ほんじ》垂迹《すいじゃく》説と呼ぶ。

鎌倉時代になると、神道側も自信をつけてきて、本地垂迹説のブッダと神の関係を逆転させて、日本の神こそが本来のオリジナルだ（仏教こそコピーだ！）と唱える神道家も出現するようになった（現代ではこれを反本地垂迹説と呼んでいる）。こうなると仏教は骨抜きである。仏教の教理は日本の土着的な思考へと埋もれ、外来思想としての硬度を失っていった。

考えてみれば、インドのヴィシュヌ神の化身のひとつはブッダである。これはヒンドゥー教が仏教に一目置いたのではなくて、仏教を一ランク下の教えと位置付けたということである。イスラム教ではイエスを救世主としてではなく、最大の預言者ムハンマドより古い時代に現われた――それゆえ一ランク下の――預言者と位置付けている。どこの世界でも似たようなことをやっているのである。

ちなみに、徳川時代の国学の思想家、本居宣長は、日本固有の信仰の復元を志して、仏教であれ、儒教であれ、いたずらに「さかしら」な観念を弄する思想であるとして退けた。

世界中どこでも、文化が爛熟して、思想が観念に中毒するようになると、原始の素朴な教えに帰れという運動が起こる。キリスト教でも、幾度も教会の教理や神学を打ち破って、イエスの福音へ帰ることが唱えられた。一三世紀の聖フランチェスコの清貧運動も、一六世紀のプロテスタント宗教改革も、そうして出現したものだ。

しかし、出発点のイエスがどのような立場の人であったのか、教会的伝統を抜きにしては、実はよくわからない。原始の神道の復元の場合も同様で、漢字文化の外皮を剝いで、本来の日本的思想を示そうと思っても、そうした思想的運動そのものが漢字文化の助けを借りずには不可能であった。

そういう意味で、原始に帰れ式の運動はいつもどこかジレンマを抱えており、いつもどこか神秘的だ。神道を日本固有の、しかも原初の質朴な真理を具えたものとしてイメージするのは、日本人のナショナリズム的感情に訴える試みであるけれども、思想としてはいつも不安定なのである。

民俗的な年中行事と通過儀礼の世界

日本人の土着的な信仰というと、外来の仏教との対比で神道が持ち出されやすいが、現実の日本の庶民は、歴史を通じて、仏教でも神道でもあるような、あるいは仏教とも神道とも言い難いような独特な宗教世界の中で生きてきた。つまり、「民間信仰」あるいは「民俗宗教」の世界である。柳田國男の民俗学などが明らかにしようとしてきた世界だ。

一昔前までの庶民の宗教生活を大雑把に見ていこう。

まず、春夏秋冬、日々の暮らしを枠づけていたものとして、暦がある。今で言えば書店で売っている高島易断の暦のようなものだ。これは田植えや漁にふさわしい日を知るためのものだが、日や方角の吉凶を占うなど、陰陽思想に基づくオカルト的な機能もある。

祭日が来れば、適宜身を清めてハレの行事に臨む。年末にはすす払いをし、正月には門松を立て、節分には豆を撒いて邪気を払い、お彼岸には墓参りをし、灌仏会《かんぶつえ》では甘茶をかけて仏を祝し、盆には先祖供養の読経を行ない、秋には収穫の祭りをする。都市には夏祭りも発達している。

人々は氏子として神社に組織され、檀家としてお寺に組織されている。人生の通過儀礼も諸教混淆だ。

結婚に際しては三三九度の盃をかわし、安産を願っては子安地蔵を拝んだり子安講に参加したりし、子供ができたら七日目に産神《うぶがみ》を祭って「お七夜」とし、男児が一人前になったら初めての褌《ふんどし》を祝ってやり、男は四十二歳、女は三十三歳の大厄など、厄年が来たら神社かお寺に行って厄払いの祈願を行なう。六十を越せば還暦を祝う。

病気になったら修験者などに調伏してもらうか、病気治しの評判のある神社を参拝したり、お寺で護摩を焚いてもらったりする。当人が死んだのちは、枕元に飯を盛って箸を立て、親類が集まって通夜を行い、白いものを着せて坊様に読経してもらう。

火葬か土葬ののちには、戒名を書いた位牌が遺される。初七日をはじめ四十九日まで何度か法要を営む（三十三回忌を過ぎれば、死者は晴れて「先祖」の仲間入りを果たす）。

病気や死を機縁として思想的なレベルで信仰に目覚めた者は、お伊勢参り、熊野詣で、四国八十八箇所めぐりなどの参詣や巡礼の旅をすることもある。もちろん、よりローカルな参詣ルートもあるし、寺で修行をしたり滝に打たれたりすることも可能だ。

おおよそこんな宗教空間の中にほとんどの日本人は生きてきた。これらの行動パターンを仏教と神道のどちらかに分けて整理することには意味がないし、どれもが日本的であり、また、どれもが仏教や儒教の影響圏にある。

拝まれる神仏としては、仏教パンテオンの種々のブッダや菩薩や明王などがあり、また地元の、あるいは古事記に書かれた種々の神々があるが、大事なのは「多神教」としてのそうした神々の数や表層的な違いではなく、今見てきたようなライフサイクルを描いている行動の見取り図のほうだ。神様の観念よりも、儀礼や祭礼の実践のほうに注目すべきだろう。

おそらくインドでも中国でも、他の多神教社会でも、さらには一神教の社会においてさえ、庶民生活における宗教の実態として重要なのは、こうした年中行事や通過儀礼的な行動パターンの総体なのである。日本の伝統的な民俗的ライフスタイルは、資料編1で見たユダヤ教徒の暮らしを彷彿とさせるところもある。

社会変動、新宗教、「無宗教」

なお、幕末・明治維新や戦中戦後のような社会変動期においては、通常の信仰パターンを超えて、人々が「教団」的な活動に向かうこともあった。幕末には天理教、金光教などが、明治以後には大本、霊友会、生長の家、世界救世教、立正佼成会、創価学会などが新宗教の大手として有名になった。文明開化後、近代国家のシステムが次第に成長して、社会組織が精緻になっていくと、個人の魂を救う精神世界のほうも、教団組織を発達させずにはいられなかったのだ（しかも、ナショナリズムが一個の組織宗教のように機能した時代もあった。戦前、神道は国家によって特別の地位を与えられていた）。

現代では、仏教はすっかり葬式仏教化し、新宗教もひところほどの勢いはなく、むしろオウム真理教のようにカルト化する教団も目立つようになり、「宗教」と呼ばれるもの自体が人々の関心を引きつけなくなってきた。それでいてパワースポットめぐりが盛んであり、靖国神社はしばしば強い政治的・宗教的情念を呼び起こし、日本には今なお、さまざまに変形した形で宗教的意欲がみなぎっているのである。各地の座禅会にも参加者が溢れ、写経に関心のある人も無数にいる。マンダラ塗り絵をやるなど、さまざまなスピリチュアルなツールを求めている人も多い。人と人との接し方や話し方をはじめとして、儀礼的な「かたち」重視の習慣もまだまだ根強い。

今日の日本人は宗教的情念をもちつつも、それをみながすっきりと納得のいくような形、公共的でしかも国際的にもオープンな形で公言することができずにいるかのようだ。もともと多様で微妙な柔構造をもつ信仰形態であったのだが、何事も明確な自己主張が求められる現代社会では、そうした柔構造はなかなかそれ固有のものとして認知されにくい。

こういう状況に比して、キリスト教やイスラム教などの建前は明確であるように見えるので、日本人は自らの生き方を「無宗教」と名づけずにはいられないわけだ。現代の日本人は、「宗教」の表出をめぐってジレンマを抱えているのである。

おわりに

締めくくりとして、資料編で十分触れることのできなかった現代の宗教的現象について簡単な解説をしよう。

◎新宗教

ここ一、二世紀の先進国社会に現われた、何らかの意味で伝統的な寺や教会から離れた宗教団体を「新宗教」という言葉でくくることが多い。日本で言えば、江戸時代末期に生まれた神道系の天理教（教祖は中山みき）や金光教（金光大神《だいじん》こと赤沢文治《あかざわふみはる》）、明治以降に誕生した神道系の大本（出口なおと出口王仁三郎《おにさぶろう》）、およびこの系列に属する生長の家（谷口雅春）、世界救世教（岡田茂吉《もきち》）、世界真光《まひかり》文明教団（岡田光玉《こうたま》）、また、法華信仰系の霊友会（久保角太郎《かくたろう》と小谷喜美《きみ》）、立正佼成会（庭野日敬《にっきょう》と長沼妙佼《みょうこう》）、創価学会（牧口常三郎《つねさぶろう》と戸田城聖《じょうせい》）、そして密教系の真如苑（伊藤真乗《しんじょう》と伊藤友司《ともじ》）や阿含宗（桐山靖雄）といった名前が挙げられる（教団はまだまだたくさんある）。

欧米のものでは、一九世紀のアメリカに始まり、モルモン経《けい》という独特の聖典をもつモルモン教（末日《まつじつ》聖徒イエス・キリスト教会）、やはり一九世紀のアメリカに始まり世界終末が近いことを説くエホバの証人、二〇世紀韓国の教祖文鮮明《ぶんせんめい》を再臨主と奉じる統一教会、一九六〇年代にインド人が創始して欧米の若者に広まったヒンドゥー系のハレークリシュナ（クリシュナ意識国際協会）などがよく知られている。

新宗教の教理は（仏教、神道、キリスト教などの）伝統宗教の教理を半ば受け継いでいるが、諸教が混淆する傾向が強く、独特な教祖崇拝があったり、在家の組織的運動が活発であったりするなどの特徴がある。一部には終末論的な傾向も見られる（終末論とは、世界がもうすぐ終わる、あるいは神の裁きの時を迎える、あるいはユートピア時代に突入するという信仰である）。昭和期までの日本においては、来世志向的な側面よりも、貧困、病気、紛争という日常的問題に対するケアや教団員どうしの相互扶助的な役割を果たす傾向が強かった。

社会生活のあらゆる側面を国家の法や行政が取り仕切ろうとする近代社会の中にあって、宗教の真理や教団活動で民衆をまとめあげようとするものが新宗教であると言えるかもしれない。国家の——ときには専制的な——制度化と、それとは異なる民衆的なビジョンの活性化とが同時進行してきたわけだ。とくに近代化途上の日本では、新宗教教団に互助組織的な機能があったことは確かだろう。

◎精神世界・ニューエイジ・スピリチュアリティ

「精神世界」とは、一九七〇年代あたりから使われるようになった宗教関連書籍のジャンルであるが、伝統的な宗教関連本とは毛色の違う、今風の宗教的な――スピリチュアルな――カルチャーを大雑把に名づけたものである。欧米でいう「ニューエイジ」にほぼ重なる。

一九六〇年代、ベトナム反戦運動の中で、体制文化に愛想をつかした欧米の一部の若者たちが、輪廻転生、天使崇拝、アジアの瞑想あるいは心身コントロールの伝統――禅、タオイズム、ヨーガ、密教、気功――、アメリカ先住民の土着的文化、近代以前のヨーロッパの異教文化、霊と話をするチャネリング等々、なんであれ、正統的キリスト教に対して遠心的な、個人意識の解放を標榜する宗教的実践にいそしんだ。このサブカルチャー的活動をニューエイジと呼ぶ（七一ページ参照）。

「精神世界」は、ニューエイジの日本版のようなものだから、タオイズム、禅、密教といった「東洋宗教」の称揚の要素に関しては「逆輸入」ということになる（そもそもアメリカで禅が流行ったことには、鈴木大拙《だいせつ》など日本の禅者の国際的活躍によるところが大きい）。輪廻について語るときも、伝統仏教の重苦しい六道輪廻ではなく、どちらかというと、明るい、前向きの魂の遍歴が好んで語られているようだ。欧米流の積極思考である。

なお、出現当時は若者文化であった精神世界・ニューエイジも、今では中高年の文化となっている。「反体制」的なニュアンスはなくなり、商業主義化したことは否めない。とはいえ、キリスト教であれ、仏教であれ、既存の大伝統の教理を飽き足らなく思っている人はどこの国にも大勢おり、その意味ではニューエイジ的なものは一般社会にますます浸透しつつある。

「スピリチュアリティ」は、個人の精神性・霊性を表わす言葉だが、精神世界やニューエイジとほぼ同義に使われることも、もう少し広く、個人主義化した現代社会一般に見られる宗教性を指すこともある。たとえば、医療の世界では、患者の身体・心理・社会性に関するケアのみならずスピリチュアリティの側面へのケアにも留意すべきだとの提言もなされている。その意味は、患者さんは死や病気の実存的意味を含めた宗教的な意識の中でも生きていることに留意せよということだ。

広義のスピリチュアリティと現代宗教の動向については島薗進氏の著作をご覧いただきたい（『現代宗教とスピリチュアリティ』（弘文堂）など）。

◎原理主義

宗教的伝統に帰ることを望む保守主義的な動向のうち、聖典などの文言を一字一句守ろうとする直解主義的な傾向をもつ運動を、大雑把に「原理主義」あるいは「ファンダメンタリズム」と呼ぶ。

fundamentalism はもともとキリスト教の運動であるが、この文脈ではしばしば「根本主義」と訳される。根本主義者は聖書の文言を字義通りに解釈しようとするが、実際には自分たちの主張に合わせて取捨選択して読んでいる。ホメロスの『イリアス』（トロイ戦争の叙事詩）などと同時代から書き始められた聖書には、いかにも古代文書らしく、奴隷を認めたり、虐殺を焚きつけたり、女性や病人を差別したり、複雑な食物規定を命じたりする箇所があちこちにあるが、そういう部分には概ね目をつぶって、たとえば同性愛を禁忌とする箇所だけにこだわったりするのである。また、創世記が地上の動物たちが一挙に創造されたかのように描いていることから、サルから人間が漸進的に変化してきたという進化論はまちがいだと主張しているが、他のあれこれの非科学的な記述に関しては比喩として受け取っていたりする。

彼らの主張の心理的・社会的背景としては、現代社会にはあまりにも規範がなくなってしまったように見えることへの反発や、社会の「勝ち組」が奉じている、この世を弱肉強食の「進化」のプロセスと捉える通俗的社会進化論に対する反発があるようだ。俗世の迷信に対抗する宗教の迷信という構図である。なお、反進化論が人気を誇っているのは概ねアメリカであり、ヨーロッパではあまり問題にされていない。

ところで、イスラム世界の保守回帰的な動向についても、「原理主義」という表現がしばしば使われている。もっとも、最近では、イスラム復興（イスラム教徒としての文化的アイデンティティの覚醒）、イスラム主義（イスラムの理念とイスラム法の復興をめざす動向）、イスラム過激派（武力闘争を行なう集団）などと、より分化した言い方がなされるようになってきている。

イスラム教というシステムは世界の一切をコーランを土台にして解釈するという強く求心的な構造をもっているので、戒律と信仰を分け、世俗の学問や政治と宗教的理念を分けるキリスト教などの立場からすれば、潜在的に「原理主義」的な性格をもっていることになる。しかし、そのように話が広がってしまうならば、原理主義という言葉も意味合いが曖昧になってしまうだろう。社会の主流との区別がはっきりしない場合、「原理主義」というセクト的な呼び名を使う意味がないからである。

ちなみに、西洋社会とイスラム社会との文化的「衝突」には、いろいろな要素がからんでいる。ひとつには今述べたシステム上のギャップ（聖俗分離か聖俗一致か）がある。またひとつには、長年の西欧による植民地政策やアメリカの外交政策の恣意性をめぐるイスラム教国の民衆の不信感の問題がある。しかも、（本書執筆時点で話題になっているシリア・イラクの過激派「イスラム国」のように）イスラム的背景の乏しい日本や欧米の若者たちまでも戦闘に参加しようとすることには、先進国側の社会構造の問題がからんでいる。

過激な宗教的原理主義を求めるメンタリティについては、一昔前の左翼の過激派や、近年の極右、ネオナチ、ネトウヨ（インターネット上のしばしば極端な右翼的発言者）、そして環境過激派といった、あらゆる極端な動向との類似性を見ていかなければならない。ここには、資本主義批判の要素も、文化的防衛主義の要素もある。ロジカルな面も情念的な面もあるのだ。

◎カルト

マスコミは、あれこれの違法活動（破壊や虐待や虚偽の活動）を行なう宗教集団などを中心に、社会的に「逸脱」していると目される団体を広く漠然と「カルト」と呼んでいる。カルトが問題化してきたのは二〇世紀の終わり頃からであるが、背後にあるのは、やはり社会全般において宗教文化の共通基盤が壊れてきたことだろう。

社会の常識とかけはなれた少数教団にあっては、最初から対話は困難である。教団の方も、対話では埒《らち》が明かないことがわかっているから「正体を隠して勧誘する」などという手口に訴えるようになる。現代社会は、拉致監禁、モンスターペアレント、ヘイトスピーチなど、人間的対話を拒否するような事件や動向が目立つが、宗教的カルトの問題も、こうした対話拒否の動向のひとつである。

なお、カルト問題については、櫻井義秀氏の著作が有益である（『「カルト」を問い直す』（中公新書ラクレ）など）。

＊＊＊

よくも悪くもローテクの伝統社会は、社会活動のスピードが遅かった。そこでは人々が文化を共有しながら、ゆっくりと時間をかけて対話し、人間関係を育成していくことができた。しかし、ビジネス競争社会も、インターネットなどのハイテクも、こうした文化を次々と破壊してきた。携帯で遠距離コミュニケーションが便利になったというが、肝心の人間関係はますます薄くなっている。なるほど世界の裏側と即座に通信できるが、覇権言語は英語一本に向かいつつあり、グローバルなコミュニケーションから置き去りにされた言語集団がますます増えていくだろう。

カルト的宗教も原理主義的宗教も、このような「現代社会」に対する不信感や根本的見直しを動機としている部分が大きい。それでいて、カルトの活動家も原理主義者も、インターネット、ビジネス流宣伝術、そして武器の使用などにおいては、まるっきり時代に同調しているのである。

本書の読者は、もはやカルト的宗教家や原理主義者を見て、「だから宗教は駄目なんだ」というシンプルな結論に飛びつくことはないだろう。カルトや原理主義は多様な宗教現象の表層的な一部分である。カルトや原理主義を「宗教」の問題と捉えるばかりでなく、それを再生産し続ける「現代社会」の構造的問題というふうに捉える視点も必要だ。

こうした発想の転換を想像力豊かに行なう手がかりは、むしろ宗教的伝統の知恵の中にある。仏教であれ、キリスト教であれ、人間の想像力のアーカイブズという性格をもっているからだ。

また、さまざまな思想が原理的に対立する現代社会に対しては、形而上学的な理論よりも日々の小さな実践——掃除のような——を重視してきた日本的「無宗教」の伝統から提言できるものも多いだろう。

宗教や伝統に対して、少し突き放したような視点で書かれた本書が、発想の転換のためのヒントとなることができれば幸いである。

***

宗教学一般について知りたい方に役立つ本として、島薗進・葛西賢太・福嶋信吉・藤原聖子編『宗教学キーワード』(有斐閣双書)、井上順孝・月本昭男・星野英紀編『宗教学を学ぶ』(有斐閣選書)、岡田典夫・小澤浩・櫻井義秀・島薗進・中村圭志『はじめて学ぶ宗教』

（有斐閣）、山中弘・藤原聖子編『世界は宗教とこうしてつきあっている』（弘文堂）、井上順孝編『現代宗教事典』（弘文堂）を挙げておこう。各宗教の詳細については、無数の入門書がある。通覧としてはミルチア・エリアーデ『世界宗教史』（ちくま学芸文庫、全八巻）、ニニアン・スマート『世界の諸宗教』（教文館、全二巻）、「世界宗教史叢書」（山川出版社、全一二巻）などがある。

最後に、本書執筆を提案され、ご意見をお聞かせくださった中央公論新社の藤吉亮平氏に謝意を述べたい。

中村圭志

中村圭志（なかむら・けいし）

1958年北海道生まれ．東京大学大学院人文科学研究科博士課程満期退学（宗教学・宗教史学）．宗教研究者，翻訳家，昭和女子大学非常勤講師．

著書『信じない人のための〈宗教〉講義』（みすず書房）
『信じない人のための〈法華経〉講座』（文春新書）
『信じない人のためのイエスと福音書ガイド』（みすず書房）
『宗教のレトリック』（トランスビュー）
『はじめて学ぶ宗教』（島薗進ほかとの共著，有斐閣）ほか．

教養《きょうよう》としての宗教入門《しゅうきょうにゅうもん》
中公新書 *2293*

2014年11月25日発行

著　者　中村圭志
発行者　大橋善光

本文印刷　三晃印刷
カバー印刷　大熊整美堂
製　　本　小泉製本

発行所　中央公論新社
〒104-8320
東京都中央区京橋 2-8-7
電話　販売 03-3563-1431
　　　編集 03-3563-3668
URL http://www.chuko.co.jp/

定価はカバーに表示してあります．
落丁本・乱丁本はお手数ですが小社販売部宛にお送りください．送料小社負担にてお取り替えいたします．

本書の無断複製（コピー）は著作権法上での例外を除き禁じられています．また，代行業者等に依頼してスキャンやデジタル化することは，たとえ個人や家庭内の利用を目的とする場合でも著作権法違反です．

©2014 Keishi NAKAMURA

Published by CHUOKORON-SHINSHA, INC.
Printed in Japan　ISBN978-4-12-102293-6 C1214

中公新書刊行のことば

いまからちょうど五世紀まえ、グーテンベルクが近代印刷術を発明したとき、書物の大量生産は潜在的可能性を獲得し、いまからちょうど一世紀まえ、世界のおもな文明国で義務教育制度が採用されたとき、書物の大量需要の潜在性が形成された。この二つの潜在性がはげしく現実化したのが現代である。

いまや、書物によって視野を拡大し、変りゆく世界に豊かに対応しようとする強い要求を私たちは抑えることができない。この要求にこたえる義務を、今日の書物は背負っている。だが、その義務は、たんに専門的知識の通俗化をはかることによって果たされるものでもなく、通俗的好奇心にうったえて、いたずらに発行部数の巨大さを誇ることによって果たされるものでもない。現代を真摯に生きようとする読者に、真に知るに価いする知識だけを選びだして提供すること、これが中公新書の最大の目標である。

私たちは、知識として錯覚しているものによってしばしば動かされ、裏切られる。私たちは、作為によってあたえられた知識のうえに生きることがあまりに多く、ゆるぎない事実を通して思索することがあまりにすくない。中公新書が、その一貫した特色として自らに課すものは、この事実のみの持つ無条件の説得力を発揮させることである。現代にあらたな意味を投げかけるべく待機している過去の歴史的事実もまた、中公新書によって数多く発掘されるであろう。

中公新書は、現代を自らの眼で見つめようとする、逞しい知的な読者の活力となることを欲している。

一九六二年一一月

中公新書

宗教・倫理

中公新書

哲学・思想

a 1

- 1 日本の名著　桑原武夫編
- 16 世界の名著　河野健二編
- 2113 近代哲学の名著　熊野純彦編
- 1999 現代哲学の名著　熊野純彦編
- 2187 物語 哲学の歴史　伊藤邦武
- 2288 フランクフルト学派　細見和之
- 2036 日本哲学小史　熊野純彦編著
- 832 外国人による日本論の名著　佐伯彰一・芳賀徹編
- 1696 日本文化論の系譜　大久保喬樹
- 2243 武士道の名著　山本博文
- 312 徳川思想小史　源了圓
- 2097 江戸の思想史　田尻祐一郎
- 2276 本居宣長　田中康二
- 1989 諸子百家　湯浅邦弘
- 2153 論語　湯浅邦弘
- 36 荘子　福永光司
- 1695 韓非子　冨谷至
- 1120 中国思想を考える　金谷治
- 2042 菜根譚　湯浅邦弘
- 140 哲学入門　中村雄二郎
- 2220 言語学の教室　西村義樹・野矢茂樹
- 1862 入門！論理学　野矢茂樹
- 448 詭弁論理学　野崎昭弘
- 593 逆説論理学　野崎昭弘
- 2087 フランス的思考　石井洋二郎
- 1939 ニーチェ ツァラトゥストラの謎　村井則夫
- 2131 経済学の哲学　伊藤邦武
- 2257 ハンナ・アーレント　矢野久美子
- 674 時間と自己　木村敏
- 1829 空間の謎・時間の謎　内井惣七
- 814 科学的方法とは何か　浅田彰・黒田末寿・佐和隆光・長野敬・山口昌哉
- 1986 科学の世界と心の哲学　小林道夫
- 1333 生命知としての場の論理　清水博
- 2176 動物に魂はあるのか　金森修
- 2166 精神分析の名著　立木康介編著
- 2203 集合知とは何か　西垣通
- 2222 忘れられた哲学者　清水真木